围棋实战技法丛书

围棋实战技法必读

傅宝胜 编著

时代出版传媒股份有限公司
安徽科学技术出版社

图书在版编目(CIP)数据

围棋实战技法必读 / 傅宝胜编著.--合肥:安徽科学
技术出版社,2017.6
　　(围棋实战技法丛书)
　　ISBN 978-7-5337-7264-2

　　Ⅰ.①围… Ⅱ.①傅… Ⅲ.①围棋-基本知识
Ⅳ.①G891.3

中国版本图书馆 CIP 数据核字(2017)第 126053 号

围棋实战技法必读　　　　　　　　　　　　　　　　傅宝胜　编著

出 版 人:丁凌云　　　　选题策划:刘三珊　　　　责任编辑:刘三珊
责任印制:廖小青　　　　封面设计:吕宜昌
出版发行:时代出版传媒股份有限公司　http://www.press-mart.com
　　　　　安徽科学技术出版社　　　　http://www.ahstp.net
　　　　　(合肥市政务文化新区翡翠路 1118 号出版传媒广场,邮编:230071)
　　　　　电话:(0551)63533330
印　　制:北京富达印务有限公司　　　电话:(010)89580578
(如发现印装质量问题,影响阅读,请与印刷厂商联系调换)

开本:710×1010　1/16　　　印张:14　　　字数:252 千
版次:2017 年 6 月第 1 版　　2017 年 6 月第 2 次印刷

ISBN 978-7-5337-7264-2　　　　　　　　　　定价:28.00 元

前　言

　　围棋是中国传统文化中一颗璀璨的明珠,不仅历经几千年不衰,而且充满了现代气息,显示了强大的生机和活力。科学家们一致认为,围棋是最富于数学哲理的游戏,其变化之多,是目前电脑的计算能力所不及的。围棋的博大精深,不仅表现在"娱乐竞技"的传统价值取向上,在开发智力、陶冶情操、逻辑思维等方面,更有得天独厚的优势。

　　棋盘、棋子代表天圆地方,黑白两色象征昼夜阴阳,三百六十一又是近一年的天数。围棋所蕴涵的无穷奥妙目前所知不过一二,深入发掘围棋的宝藏是现代科技的重要使命。纹枰对弈乃人生的一大享受,每落一子都是无声的语言,每一局棋谱又像是一幅耐人寻味的艺术品。

　　为了便于初、中级围棋爱好者对围棋实战技法的系统学习和理解,使棋迷们在对弈时能走出至善至美的一手棋,能做到树立胸中一盘棋,我们按照由易到难的顺序,从围棋的布局原理和类型、实战中的弃子与治孤、中盘战中的攻击与防守、官子的大小与手筋等方面做了详细的论述与解读。力求层次清晰、通俗易懂。实用性和创新性是本书追求的目标。书中所选棋例都来自近期国际、国内围棋大赛和著名国手的实战对局,具有很强的代表性。

　　读了本书,但愿您的棋艺有所提高,对围棋的理解更加深透,思考方式产生新的飞跃。

　　由于时间仓促,水平有限,书中难免有不完善的地方,恭请读者指正,不胜感激。

作　者

目　　录

第一章 布局要领和布局类型

围棋的布局犹如一幢大厦的骨架,布局的优劣对中盘作战的影响甚大,对整个棋局起到关键性的作用。布局是指序盘阶段双方在棋盘上划分势力范围的过程,一般在前50手左右。但是,围棋的布局和中盘并没有严格的标准,划分布局和中盘阶段,只是为了教学和研究的方便。在布局中,结合全局子力配置,灵活运用定式是非常重要的。占据形势的要点比占领局部棋形的要点更急迫。

布局要发挥每一个棋子的作用,每走一手棋时,要充分地体现出其在盘上的价值,棋子的效率要高。实地与势力都要兼顾,注重全局的平衡,目标就是要使实地和势力都超过对方。在专业棋手的对局中,实地和外势都领先的情况是不多见的。要么实地领先而势力欠佳,要么实地不足而外势较厚。取地还是取势这对矛盾,在布局中最为突出。地为实、势是虚,围棋之难就在这虚虚实实之间。

学习布局方法,掌握布局要领,是进入围棋实战的第一关。

第一节 布 局 要 领

一、金角、银边、草肚皮

从图 1-1中不难看出,棋子在角上的围空效率最高,其次是边上,中腹是最差的。这有点像盖房子,在角上只要砌两面墙,在边上要砌三面墙,而中腹要四面全砌。金角、银边、草肚皮就很形象地说明了这个道理。虽然中腹围空的效率很低,但是,绝不是不重要。所谓"高手在腹",是指双方对边角的争夺往往难分伯仲,中腹的争夺将一决高低。所以说,"肚皮"也是马虎不得的。第一占空角,第二挂角或守角,第三拆边是布局的基本顺序。

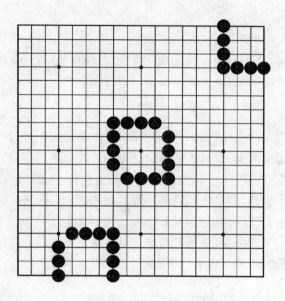

图 1-1

二、高低配合

围棋布局多在三线和四线着子。三线的特点是守地牢固,容易生根,因此,三线又称实利线,其位置在棋盘上是低位。四线的特点是重势轻地,守地不牢,容易受到对方入侵,因此,四线又称势力线,在棋盘上属高位。二线的位置更低,往往称为死亡线。布局阶段爬二路是非常不利的,在特殊情况下才能这样走。正常情况下,在三线多爬一手都是高手之大忌。

如 图 1-2 所示,是第三届"建桥杯"决赛第二局的一盘棋,其中,黑❾大跳是个老掉牙的定式,张八段也许是对年轻棋手的一种考试。至黑㉑关为止,布局基本结束,双方都没有大的恶手。由于黑有大贴子的负担,白棋的形势比较乐观。在前 51 手中,占三线的棋子总共 22 个,其中黑 12 个、白 10 个;占四线的棋子总共 14 个,其中黑 4 个、白 10 个。双方占三线和四线的棋子高达 71% 的比例,其中黑 16 手,占 26 手棋的比例是 62%;白 20 手,占 25 手棋的比例是 80%。

从以上的技法统计中也不难看出，这是一盘黑取实地、白有厚势的棋局。

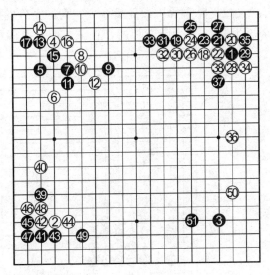

●张璇　八段

贴 $3\frac{3}{4}$ 子

○郑岩　二段

2005.11.16　上海

图 1-2

前 51 手统计结果：

前 51 手统计结果表

手　数	三线 22	四线 14	二线 10	四线以上 5
比例（约）	40%	30%	20%	10%

三、急所比大场更重要

急所是全盘或者局部的要点，关系重大，是形势消长、实地出入最大的地方。相对来说，其他的着点就是缓手。

除占空角、守角和挂角是当然的大场外，利于己方围地和拓展势力，并限制对方围地扩势的好点也是大场。这样的好点往往在边上星位的附近，以角为背景的拆边即是占大场。

🖹 1-3 是 2005 年全国围棋个人赛上的一盘实战对局。黑❶长似乎是急所，但却是问题手。白②断成了真正的急所。黑❸至⓫的滚打包收虽痛快，但结果并不如愿,反而白棋是左右逢源,外势和实地双收,中腹黑❶处的两子棋筋被断开,黑方布局失败。陈耀烨五段凭借个人实力的充分发挥,最终登顶全国冠军宝座。同时,也以 15 岁零 10 个月的年龄,刷新了中国最年轻围棋冠军的纪录。

●张学斌 五段
○陈耀烨 五段

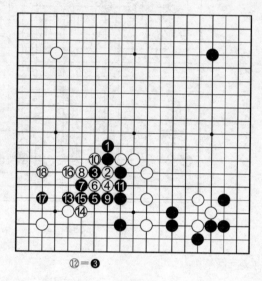

⑫=❸

图 1-3

四、勿近厚势

看到对方的厚势,就想立即去破坏掉,这是围棋爱好者的通病(红眼病)。厚势是有一定价值的,特别在布局阶段,厚势的威力是很大的,太靠近厚势会吃苦头的,其结果是全盘大局上的落后。

在专家的对局中,太靠近对方厚势的着法很难见到。因为,在布局阶段棋盘还很大,限制厚势的发展壮大才是当务之急,如此,才算真正进入围棋的境界。

请注意图 1-4 中白⑯的一手。

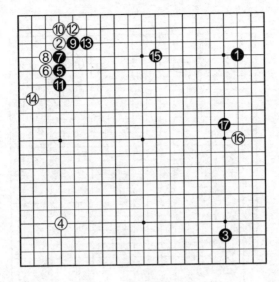

●谢赫 六段
○陈耀烨 五段

图 1-4

圀 1-4是陈五段夺冠第八轮的一局,白⑩二路下立是创新的着法,最近,已多次出现在专家对局的棋谱中,主要是受黑大贴子围棋规则的影响。黑⑪、⑬都是局部棋形的要点,黑⑮占大场是一子两用,与右上小目共同铸成上边的模样。白若直接进入黑阵,或者是从右下方反挂黑❶小目,都是业余的下法,不符合大局。白⑯分投才是正常分寸。白⑯一子上下都有拆二的空间,从而间接限制了上边黑势的发展,这才是专家的下法。黑⑰肩冲继续造势,不给白棋以喘息之机。后来,白在右上角的折冲中吃亏不小,布局不利,但陈五段顽强地反击,到176手,白中盘获得胜利。

圀 1-5是一盘网络实战谱,其中,执白的是网络6段,是具有一定实力的业余爱好者。白⑫马上点角并不便宜,在下边挂角有拆二的空间是可行的。白⑳有一定的问题,好像是帮着黑棋攻白两个子。黑㊲反击不当,使自己落了后手。正确的走法是忍耐、接实,这样,黑弃角后再走39位扳是先手。白㊷和黑㊸都是"红眼病"的着法。白㊷既不增自己的地,也不扩自己的势;对于黑方来说,白㊷破空不在要点,消势也不是地方,可以说是不伦不类的着法。究其原因,是对黑的厚势熟视无睹,镇黑的铁头是要吃苦头的。再来看黑㊸,一头扎进了白的势力圈,白㊹尖封后,黑逃孤不肯,即使就地成活,把白撞成铁壁,黑整盘的外势又将如何发挥? 黑将实地不足,干着急没办法。请记住,厚势像老虎,接近要

5

三思。

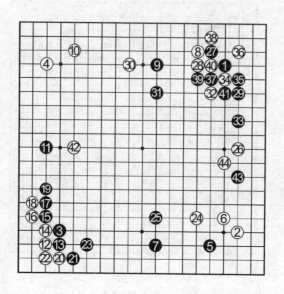

图 1-5

五、获得理想形

理想形很多，像守角、立二拆三、拆兼逼等。总之，棋子效率高的棋形都是比较理想的。这里重点介绍两翼张开和立体模样两种理想形。一般而言，自己获得理想形比破坏对方理想形的价值要大。

🈁 1-6 是 2000 年"农心杯"选拔赛上的一盘对局。白⑩是避免走成大雪崩大型定式的走法，也是定式。黑⑮拆兼逼的大场，同时也形成两翼张开的理想形，是一子三用的佳着。黑⑲与㉗两着是"组合拳"。黑㉑继续扩大势力，进一步形成立体模样的理想形。白㉜飞拼抢实地是局部的攻防要点，但黑㉝、㉟、㊲占领了全局的攻防要点，白被动挨打。白㊵靠出是无奈之举，黑㊶顺势加高模样阵地，继续扩大理想形。黑㊸走厚上面一块黑棋后，黑布局成功。

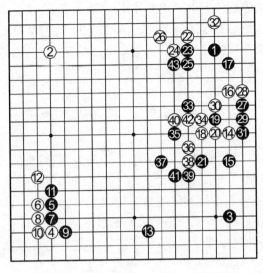

●聂卫平　九段
○刘小光　九段

图 1 - 6

在第十一届"NEC 杯"快棋赛八强战上,执黑的周鹤洋九段击败了两次荣获"亚洲杯"的俞斌九段。白⑧分投是当前流行的下法,目的是打散、遏制黑发挥其先着效率。黑❾守角构成理想形。白⑩至黑⓳的下法犹如定式一般。白⑳星位守角是大场,黑㉑占大场属两翼张开的理想形。白㉒打入后,至黑㉟的定形是一

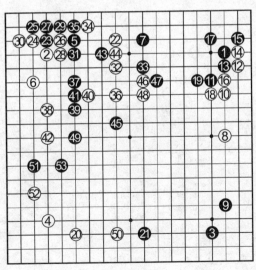

●周鹤洋　九段
○俞　斌　九段
2005.9.10　乌鲁木齐

图 1 - 7

般分寸，其中黑㉝跳使右上形成立体模样，虽然模样不大，但却是立体的理想形。黑㊺镇头有力，白㊻是妥协的下法。黑(51)打入后，白没有有力的反击手段，黑(53)封住了白棋，黑布局初获成功。从谱中可以看出，黑棋的棋形很理想，而白的理想棋形不多，至181手时，黑中盘获胜。

第二节　星小目开局

在现代棋谱上，用星小目开局的棋手很多，大多数的棋谱也是用星小目开局的。星的位置正好是四线（势力线）的交叉点，而小目的位置是三线（实利线）与四线的交叉点，星位占空角符合现代快速布局的要求，而小目一手就占了两条布局的基本线。因此，星小目布局是势力与地兼顾，同时又是追求效率的开局。

一、星小目对二连星

1. 老少主将之战

如图 1－8 所示，在2005围甲联赛第20轮上，海淀队的“娃娃”主将与娇

●周睿羊　三段

贴 $3\frac{3}{4}$ 子

○曹薰铉　九段

2005.12.10　重庆

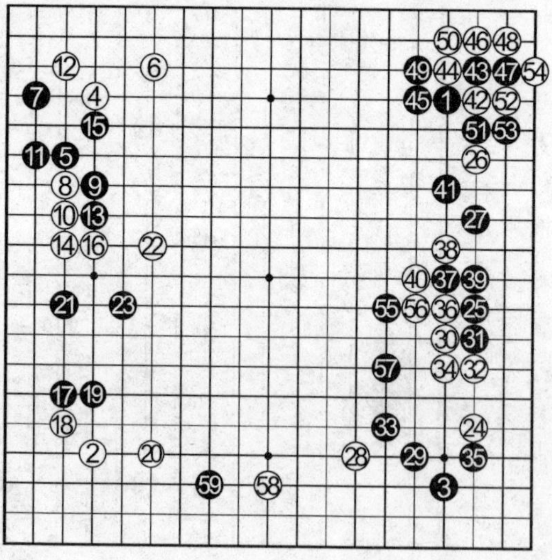

图 1－8

子队的"围棋皇帝"主将展开了激烈的较量,形成了黑星小目对白二连星的开局。黑❺从内侧挂角(请注意挂角的方向)也是一种选择。白⑧是韩国最早走出来的,现在为公认的定式着法。

黑⓫不走13位压的定式,不仅是为了实地,可能更看重黑⓱挂角后可对白实施攻击。

如图 1-9所示,黑❶继续压也完全可行。至黑⓳跳出为止,黑基本上占得四角。

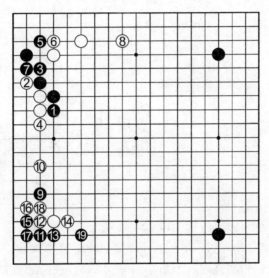

图 1-9

白㉔挂角属大场,黑㉕三间夹保持攻势,白㉖、㉘是"围棋皇帝"曹九段的得意布局手段。

白㊳、㊵封住中腹是愉快的,同时也间接地声援了左边的弱棋。

白㊷托腾挪成功,白得角的实利太大。

白㊽的方向正确,但选点欠佳,有太靠近右边黑厚势之嫌,被黑㊾打入后,白两边难以都处理好,双方的形势看不清好坏了。

这盘棋从头至尾都没有大起大落,这对一老一少的主将形势一直咬得很紧。长江后浪推前浪,最终"娃娃"主将周睿羊三段取得了胜利。

2.“农心杯”刘柳之战

在第七届“农心杯”世界围棋最强战的第四场比赛中,中方刘星七段表现神勇,攻擂成功。 图 1－10 是他执黑战胜韩国柳才馨七段的精彩布局。

●刘 星 七段

贴 6 目半

○柳才馨 七段

2005. 10. 14 北京

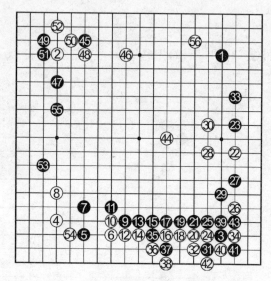

图 1-10

刘星七段以星小目开局,柳七段以二连星对抗。黑❼跳是不惧复杂局面的一手,而走在 26 位守角是目前的流行下法。白❽也走在高位,针锋相对。

黑❾尖冲时,白❿脱先挂右下角小目是灵活的,现白❿直接活动白❻一子。黑❼一手刘星有深入的研究,在“农心杯”1 个小时的快棋赛中使用是不会吃亏的。黑连压成厚势,在快棋赛中易把握。

白㉒分投,请注意黑㉓逼的方向。从黑 27 位逼是不可取的,黑厚势的效率太低。白㉖拆三过大了,黑不可能在角上补断的。

黑㉗以厚势为背景打入是必然的。白长考后走了 28 位的关。既然走了白㉖,又接着走白㉘的退让,前后矛盾,白亏损了。

白㉚曲镇是好点。黑㉛扳是先手利,但㉝是缓手,白㉞夹又夺回了白㉘的损失。

黑㉟、㊲次序正确,不走就没有机会了。至黑㊸为止,黑不仅落下后手,且没有吃住白㉞一子,留下了一处大官子。白㊹占领双方的形势要点,局面难分优劣。

如 ⑤ 1－11 所示,黑要是能走到❶、❸、❺的次序就太理想了。因为,黑二路小尖可杀白,而白没有好的活法,后手补活是生不如死。

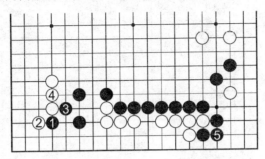

图 1-11

黑㊺挂角抢占大场,白㊻二间高夹,意在支援右边一块无根的白棋,黑愉快地占到了角地。白㊼不打吃黑㊺一个子,而补在二路小尖,是贪心太重,也可能是形势所迫。

黑㊾挂是好点,黑㊿补获得理想棋形。白56挂角抢占最后一处大场。

二、星小目对星小目

1. 半决赛上捧得 LG 冠军杯

第十届"LG 杯"世界棋王战是中国的胜利,更是古力和陈耀烨的胜利。他俩会师决赛,中国提前捧得了 LG 冠军杯,重演了 10 年前聂卫平与马晓春会师世界冠军决赛的一幕。

古力是战胜多项世界冠军的李世石后进入决赛的。先前,更年轻的陈耀烨战胜了朴文垚,进军决赛。古力的胜利使中国提前捧杯。 ⑤ 1－12 是古力在半决赛上的亮剑之谱。

古力的联赛等级分最高,被视为中国围棋第一人,以星小目开局,李世石也以星小目应对。由于"LG 杯"使用韩国规则,黑贴 6 目半,比国内比赛黑贴 $3\frac{3}{4}$ 子的负担要轻,这会对布局产生不小的影响。

黑❼先挂,目的就是与白⑧定形,古力认为黑❼便宜了。至白⑫的局面,双方都满意。

黑⑬至⑰的活角是正确的选择,黑❾、⓫恰到好处,使白厚势不好发挥。白⑱虽强,但黑处理得更好,先手活。

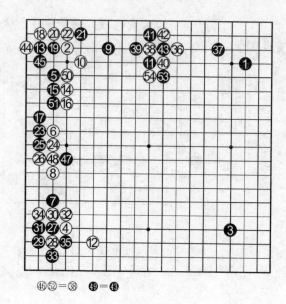

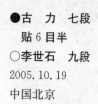

●古 力 七段

贴6目半

○李世石 九段

2005.10.19

中国北京

㊻㊾=㊳ ㊾=㊸

图 1-12

黑㉗托角是常用手筋,但黑㉝是新手,古力在布局时往往不拘泥于定式。

白㊱打入必然。黑㊲意在白跳向中腹,黑顺势也跳,化白左边厚势于无形。白㊳以下做劫是以守为攻,李世石看重了左边丰富的劫材。

黑㊼扳是强手,白㊾断毫不退让。当时,参加研究的专家曾预言,这局棋大概从劫开始,由劫结束。

说是布局,更像中盘作战。现代围棋往往一开始就杀得难解难分,从来也不考虑布局结束后才来中盘斗力。

如图 1-13 所示,黑❶接,白②长。劫争尚未见分晓,外侧的棋又起纷争,战争又增加了新的内容。白④团是棋形要点,黑❺跳静观白方。

黑❼强手,再次显示了"古大力"的力量。白⑧若虎在二路,结果将好于实战。白⑩开劫不成功。

黑⓳扳不简明,若走 21 位立,白仍要走 19 位补活,黑再拆边是优势棋局。白㉒表现出李世石强烈的求胜欲望,这个机会是黑⓳给的。但是,白㉔以下的作战不成功。

至黑㉟的转换,白是亏损的结果。考虑到白㉒、㊱两手的价值,白损失并不惨重。

黑㊲终于有机会守角占大场了,白㊳挂已经守了角的星位。

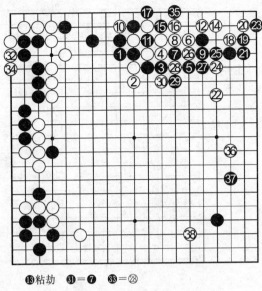

第二谱 1－38(55－92)

⑬粘劫　㉛＝❼　㉝＝㉘

图 1－13

2. 三朝元老棋不老

第三届亚洲围棋团体赛在日本冲绳举行,中国队三战三捷,首次捧得 CSK 杯。中国围棋队的勇士是丁伟八段、孔杰七段、王磊八段、王檄四段和俞斌九段。主帅俞斌是三朝元老,前两次是胜多负少,此次与韩国队之役对阵宋太坤,发挥出了一名老将的风采,中盘取胜。 图 1－14 是他在序盘时的精彩布局。

俞斌用星小目开局,宋太坤也同样应对。黑❺、❼挂角后脱先是想先定形左上角,黑⑬既完成了左下角的定式,又是一石二鸟之着。

黑⑮一间高夹紧凑有力,双方一直在走定式。至白㉔为止,局面平淡。

黑㉕跳,白㉖占棋形要点。黑㉗在中腹高高飞起,令人耳目一新。白㉘跟着应,黑㉙继续飞攻是照顾全局的一手。

白㉚冲寻求突破,黑㉝的次序很好。白㊳跳出后,黑㊴是双方的要点。

黑㊶挡后,再走 43 位扳下,都是先手。

黑㊺刺时,白㊻飞转身,黑㊼穿通后是得意的。白㊽和黑㊾各补一手,形成了大转换。这个结果黑方明显便宜,黑方在布局阶段取得了可贵的优势。

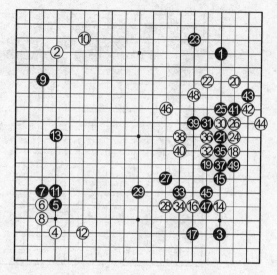

●俞　斌　主帅
○宋太坤　天元

图 1-14

三、星无忧角对星小目

1. 常九段痛失丰田杯

第二届"丰田杯"世界围棋王座战决赛的前两局，常昊九段与李世石九段战成了平局，一切仿佛又回到了起点。最后一盘棋将决定一个围棋世界冠军的归属。

如图 1-15 所示，常九段用星无忧角开局，李世石用星小目应对。请注意小目的方向，同样占小目，但方向不同，整盘棋的流向将发生很大变化。白⑥分投使黑棋筑不了大模样。

黑⓫挂星是正着，白⑫破坏黑在左边的布局意图。但被黑⓭走成双飞燕，形成局部黑以多打少的优势布局。

黑⓯点角夺地，白⑯若走 19 位是妥协的。白⑳扳是不可省的一手。

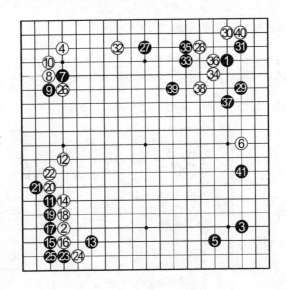

●常 昊 九段
贴6目半
○李世石 九段
2005.1.8 日本东京

图 1 - 15

接着,黑㉑跟着扳稍有疑问。国家队马教头认为,如
图 1 - 16 所示,黑❶先从下边扳,白不能脱先,黑❺抢到
了补断的一手。白⑥虽是先手扳,但所得利益并没有多
大。白④若脱先,黑 A 位夹白没有好应手。白④虽厚,但
黑右下的无忧角更加闪光,白②、④的方向出现了问题。
实战白㉖断,李世石或许在偷着乐吧!

黑㉗拆边抢占大场是必然的。这里被白占到则成两
翼张开的理想形,黑可受不了。白㉘从黑的内侧挂角是注
重战斗的一手,白㉜拆兼夹更表明了求战的心态,但白㉜
太靠近左上角的厚势,效率偏低,有缓着之嫌。

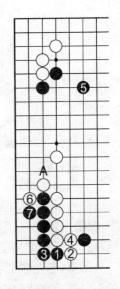

图 1 - 16

黑㉝有力,右上的白棋成了"被告"。白㉜走右边拆二
才是本手。白㉞飞出有点业余的味道,当在 35 位爬,实战
被黑㉟挡下后,白不仅是"被告",说严重些,可能要"败诉"
了。

黑㊶抢占到攻击要点后,黑是优势布局。接着,双方依次在上边和右边展开
大战,到黑 95 手才走下边星位的大场,可见争斗激烈的程度。常九段在优势局
面下没能把握住,战至 188 手,黑中盘认负,痛失丰田杯。

2."娃娃"与"皇帝"的主将战

周睿羊是少年棋手中的佼佼者,又是北京海淀队的主将。媒体常以"围棋皇帝"称呼曹薰铉,是四川娇子队的外援,也是主将。在 2005 年围甲联赛第九轮上两将相遇,图 1－17 所示是这一老一少斗智斗勇之局。

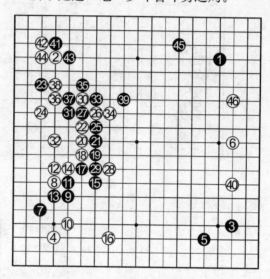

●周睿羊　三段

贴 $3\frac{3}{4}$ 子

○曹薰铉　九段

2005.8.6　北京

图 1－17

周少帅用普通的星无忧角开局,曹九段应以星小目。白⑥分投,黑❼挂小目,这都是轻车熟路。

白⑧一间高夹战斗性更强,为韩国棋手所钟爱。黑❾立即动出是白⑧所希望的,白局部以多打少,白两边都走好了,而黑中央的厚势被白⑥所限制。其中,黑⓯跳的手法值得学习,如果黑⓯直接扳头,白反扳,黑退,留下了给白点方的手段,不如实战的定形。

黑㉑、㉓先压后挂的次序正确。黑㉕再压,白㉖扳头当然,黑㉗断是有准备的一手,白㉘时机正好。

黑㉝、㉟很像大小孩的棋。黑㉝如图 1－18 所示,走黑❶顶是有力的一手,白❷走 9 位退是正形,黑再 7 位跳出战斗,黑可下。白❷反击难以成立,黑❼双时,白❽不得不补,黑❾扳下后,白棋没有后续的手

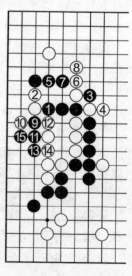

图 1－18

段来应对了。

黑❸罩住中腹两颗白子后,形成了鲜明的厚势与实地的对抗。白㊵拆二抢占大场,同时也防住了右下黑角两翼张开的理想形,是一石二鸟之着。

黑㊺大飞守星位虽是大场,但位置偏低,与中腹的厚势不协调。白㊻继续拆二兼挂角占大场。以下,黑中腹的厚势如何发挥是行棋的关键。

曹九段巧妙地消除了黑中央厚势,战至第186手,白取得中盘胜利。

四、错小目对星小目

1. 围甲争雄硬碰硬

历经一年的围甲联赛到了尾声,后来居上的重庆队与领头羊贵州咳速停队的正面交锋将直接影响冠军的归属。咳速停队的主将是超级外援世界冠军李世石,重庆队也派出中国围棋第一人的古力迎战。

如图 1-19 所示,李世石用错小目开局,古力应以星小目。黑❺挂小目角时,白⑥也挂是古力所擅长的,也是撇开流行布局之意。黑❼一间高夹为韩国棋手所钟情,白⑧再回到左下角托。

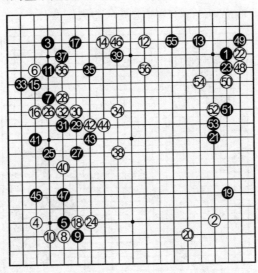

●李世石　九段

贴 $3\frac{3}{4}$ 子

○古　力　七段

2005.12.10　重庆

图 1-19

黑⓫时,白⑫仍置之不理,以求快速布局。黑⓯虎时吃住白⑥一个子,但还有余味。

白⑯试应手,黑❶是间接补棋,求得高效率,白⑱断是敌之要点我之要点。

黑⑲从宽广的一面挂角是正常的,但白走到 24 位的长,白布局成功。左上角和左下角分别是五子对两子,白棋效率显然要高些。

黑㉕为一石二鸟之着,但白㉘扳可顺利腾挪。黑㉝补角是不得已的,结果黑❶变成了效率低的一手。白成功,继续保持序盘优势。

黑㉟飞是李世石的风格,但被白㊳镇头,黑在白厚势中求活是无奈的选择。

白㊵是试应手的佳着,接着白㊷、㊹顺势走强,黑是被动应付局面。

白㊽动出很大,在实地上是不相上下的,到白㊻为止,古力充满了信心。结果战至 156 手,古力中盘胜。

2.西部水晶大战笑傲熊

在"新弈城"网络围棋世界里,"美女棋手"西部水晶和笑傲熊老师杀得你死我活。

如 1-20 所示,笑傲熊老师用错小目开局,西部水晶应以星小目。接着黑❺、❼先来两个挂角,想在气势上压制西部水晶。

白⑧二间高夹时,黑❾选择了大飞的定式,黑⑲立也是正统的走法,但外边的断点是矛盾的焦点,是个后续应手复杂的大型变化。

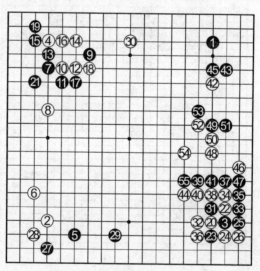

●笑傲熊
○西部水晶

图 1-20

黑❶先压以后,白⑳直接断可以考虑,在外面多留一些利用,这也是职业棋手所公认的。

如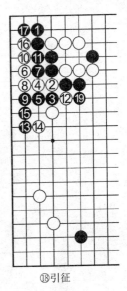 1－21所示,黑❶立时,白②可马上断,到黑⓱时,角上白的六个子被擒,当然白是弃子。白不仅有强烈的引征手段,上面和左边的白棋都有一定的借用,白②断是不吃亏的。

实战黑㉑补过以后,白上边形势急迫,左边也失去了发言权。聂卫平甚至认为,黑虎到21位已是优势布局了。

黑㉓、㉕先手处理一下,抢着走㉗、㉙的定式是求稳的。黑㉗立刻把黑❾一子跳出攻白可掌握主动。

白㉚拆影响巨大,先前白⑳没断上去的弱点基本上被掩盖住了,是白棋打开了布局。

黑㉛断打是简明之策,至黑㊶为止,局部告一段落。

白㊷二间高挂是合适的,黑夹击又怕损实地,故黑㊸守角取地。白㊹以静制动,看黑棋如何出手。

⑱引征

图1-21

黑㊺虽是局部要点,但白㊻、㊽抓住了黑棋重的毛病。黑㊾以攻为守,反击有力。白视右上而不见,聚焦黑右下一块棋,至白㊼跳出后,黑痛苦不堪。最终,美女棋手9目半大胜。

第三节　迷你中国流

当黑方用星小目开局后,白常用二连星相抗衡。由于星位布局快且可变,再加上大贴目(子)的压力,黑方不愿守无忧角,与白方慢慢走细棋。于是,黑❶、❸和小目一子构成"迷你中国流"(也称"变形中国流"),如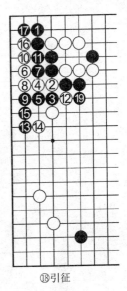 1－22所示。此局是有"世界围棋第一人"之称的李昌镐九段弈出的"古老"版本。白方若直接进入迷你中国流阵地,导致不利布局结果的可能性较大。

一、"小猪"巧对中国流

1.三星冠军的半决赛

第十届"三星杯"的主角是聪明小猪天才罗洗河九段。他一路过关斩将,连胜柳时熏、赵汉乘、宋泰坤、李世石、崔哲瀚和李昌镐等六大名将,最终捧得三星

19

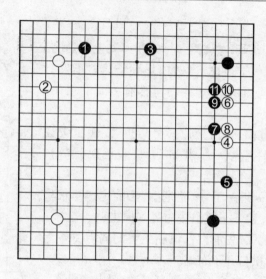

图 1-22

杯。图 1-23 所示是他在半决赛上精彩绝伦的对局,也是罗洗河可传世的名局。

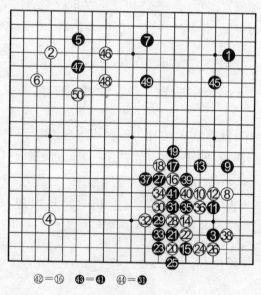

●崔哲瀚　九段
　贴 6 目半
○罗洗河　九段
2005.12.16
韩国仁川

㊷=⑯　㊸=㊶　㊹=㉛

图 1-23

　　经过一胜一负的对局后,双方又回到了起跑线上,这是三番棋的决胜局。"毒蛇"(崔哲瀚)仍然用他上一局获胜的迷你中国流开局,白⑩跳是"小猪"上一局就想尝试的新手，也是洗河本局刻意选择白棋的真正原因。

　　崔哲瀚立即把黑❶、❸两手打在棋盘上，真不愧是一流高手。他躲过了"小猪"所挖的布局陷阱。

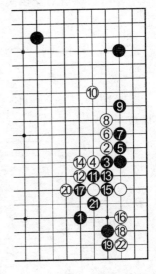

　　如图1-24所示，黑❶飞边好像是第一感，白②尖冲时，黑没有强有力的反击手段，到白⑩是普通的应对。白⑯是罗九段所得意的，黑若挡角，白可从21位一路冲下，黑不行。进行到白㉒为止，黑迷你中国流的阵形就没有作为了，是白棋成功的布局。

　　实战白⑯飞是为白⑳靠下做准备，防止白直接冲断。黑⑰若走㉝飞起，白走19位的跳或者飞压黑❸，黑迷你中国流的阵势就将大为逊色。

　　黑㉑弃角大损实地，罗九段走24、26位得角是满足的。

图1-24

　　黑㉗断强手，白㉘拐出，黑㉛再断是精细的好手，除此黑别无好棋可走。

　　黑㉟、㊲都是先手，黑㊴打时，白利用打一还三连通，黑则利用打二还一又取得先手。

　　黑㊺飞边，由于角上有手段，故白㊻夹击。

　　如图1-25所示，黑㊺尖也不错，由于黑角坚固了许多，白㊻就不能夹了。如图的镇就成了要点，黑㊼补一手后，白㊽掏空，这就成了另外一局棋。

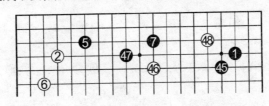

图1-25

　　黑㊾大跳扩张是急所，否则，白镇过来黑难受。

　　白㊿镇头，序盘告一段落。以后的战斗还十分精彩，罗九段主动放弃了三劫循环，在被黑㉓手拔掉二十三个子后仍大胜7目半。"猪蛇大战"以斩蛇告终。

2. 以快制快的快棋高手

在半个月时间内，罗洗河"三星杯"完胜李世石、围甲 18 轮力克四川队主将曹薰铉两位快棋高手，接着 19 轮又对阵等级分第一的古力，这必将是重量级的一战。

如 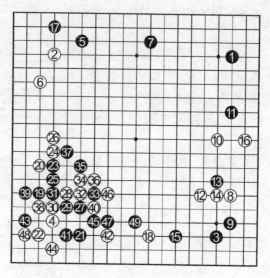 1－26 所示，古力用迷你中国流开局，白⑧二间挂，黑❾小尖守角取地。

●古 力 七段
（重庆主将）

贴 $3\frac{3}{4}$ 子

○罗洗河 九段
（新兴主将）

2005.12.3 北京

图 1-26

白⑩拆边占大场，黑⓫是一石二鸟之着。黑⓭点后，再走 15 位拆边。有了黑⓭，白⓰愿意再补一手。

黑⓱飞很大，但并不急，白⓲逼紧凑。黑⓳挂角，白⓴紧夹，黑㉑形成双飞燕。

白㉒尖三三冷静，白两边都有子，黑两边挂的子又不好联络。黑㉓飞靠出头是局部好手。

白㉘果断分开黑棋，白连遭黑㉝、㉟的欺凌，不过白忍耐以后，黑的毛病依然没有解决。

白㊳挡是双方的要点，黑㊴下立。这里被白扳的话，黑是受不了的。

黑㊶双，白㊷是攻击的要点。黑㊸跳进角，白㊹二路尖以攻代守，待白㊺取得先手后，白㊽挡角活棋。

22

黑❹❾跳出，白㊷一子已轻，但白⑱是棋筋。双方继续战斗至226手，白获得中盘胜。

二、国内大赛征战忙

1. 倡棋杯谢赫惜败周鹤洋

倡棋杯有"小应氏杯"之称，是国内奖金最高的赛事。谢赫六段与周鹤洋九段相遇在第二届的半决赛上，前两局战成1比1平。关键的第三局谢赫以迷你中国流开局。如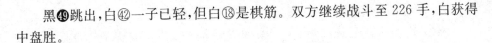1－27所示，白⑧分投时，黑❾尖冲紧凑，与迷你中国流的阵形相呼应。白⑩、⑫爬两下后，走白⑭拐头。其中黑❾至⓭是最近走出的新变化。

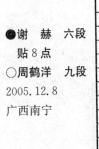

● 谢 赫 六段

贴8点

○ 周鹤洋 九段

2005.12.8

广西南宁

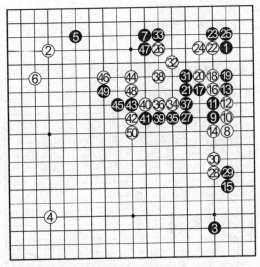

图 1－27

黑⓯大飞守角，白⑯断是有力的。黑⓱打后，黑⓳爬回角强硬。

白⑳拐，黑㉑自然长。白㉒靠退是先手，黑㉕补断点。

白㉖太性急了，与鹤洋一贯的棋风不符。黑立即抢占27位要点，白㉖应先走27位点方，这是攻防要点。

由于白㉖的失误，白㉘、㉚变得不可省了。黑㉛、㉝棋感敏锐，一下子抓住了白形的弱点，黑取得了布局的优势。

白㉞刺时，黑㉟先压是次序。白㊳补棋，黑㊴、㊶接着压。

白㊷扳头时,黑㊸断开白棋。白㊹、㊻把头走在外面。

黑㊼拐头于要点,白㊽顶住。黑㊾尖顶是一石二鸟之着,白㊿长防止被枷吃。

经过210手的苦战,周九段终于获得了胜利。不过,这胜利是谢六段一个重大失误才造成的,围棋也是等待对手犯错误的游戏。

2."NEC 杯"老少对擂成亮点

俞斌九段是第十一届"NEC 杯"赛中年龄最长的棋手,而马笑冰三段的年龄最小。这一老一少在第四场比赛中相遇。

俞斌九段用迷你中国流开局,如图 1－28 所示,白⑧分投时,黑❾从中国流阵营的方向逼。白⑩挂星位角,黑⓫大飞,白⑫、⑭构成理想形,但黑⓭也是理想形,双方都无不满。

黑⓳虎而不是接实,白⑳不愿补而抢先打入迷你中国流阵营,黑㉑我行我素占急所。

白㉒玉柱守角,攻击黑❺一个子。黑㉕尖冲,走厚外围。

白㉘继续争中腹,黑㉙也扩势,黑形成立体模样。白㉚飞,看着黑棋的毛病。

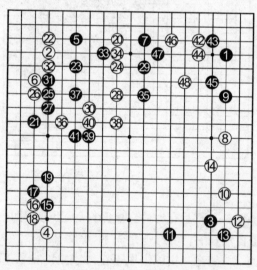

●俞 斌 九段

贴 $3\frac{3}{4}$ 子

○马笑冰 三段

2005.7.2 沈阳

图 1－28

黑㉛先手压,黑㉝刺后抢先手于 35 位跳,继续扩大模样。黑本手应 37 位补。

白㊱飞有点缓,应靠断上边黑三个子。黑㊲占得补棋要点后,白形势吃紧。

白㊷挂角直入黑阵,白安全运转后,把黑迷你中国流的势力彻底瓦解,是白实地领先的好局。

之后,白走了一连串的缓手,被老将中盘胜出。

三、专业业余均豪强

1.“石佛”再续不可战胜的神话

由于刘昌赫近几年状态不佳,已很长时间没在决赛上与“石佛”李昌镐交手。所以,第二十四届韩国 KBS 棋王战的决赛更受关注。刘九段在先失一局的情况下背水一战,但李昌镐毕竟是世界第一人,没给对手机会,以零封完胜获冠军。如图 1－29 所示,是他们第二局的精彩布局。

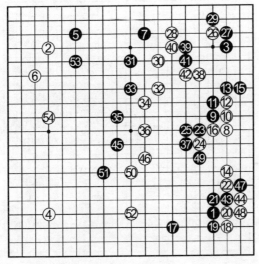

●刘昌赫　九段
贴 6 目半
○李昌镐　九段
2005.10.13
韩国棋院

图 1-29

刘昌赫九段用迷你中国流开局,他的老对手白⑧分投。黑❾尖冲至⓭扳是近来才出现的新形,与迷你中国流阵形相配,可以一试。

白⑭直接拆二,这就是李昌镐的棋。黑⓯下立稍显过分,走 16 位继续压,或把断点焊接牢固是一般的分寸,棋形也较正。

白⑱点角至白㉒得角地是满意的。黑㉓、㉕构筑模样。

李昌镐终于打入了,白㉖的选点也很有意思,黑㉗挡角,白㉘才是重头戏,至白㉞尖,黑不知该从哪个方向行棋。黑㉟飞攻,白㊱跳出包围圈,黑有落空的感觉,白布局成功。

黑㊲拐头时,白㊳不愿再跑,而是选择就地做活,同时也防止黑40位的靠断。

黑㊺继续追击,白㊻出头是急所。一般认为,黑把棋走在外面总是有利的。但是,如果利用不好那也枉然。

黑㊽跳是刘九段厚实的风格,但被白㊾拆边后,黑中腹的所谓外势还能干什么?棋盘似乎一下子小了许多,局面也简单化,黑想取胜比较艰难了。战至第178手,白中盘胜。

2.业余厮杀弱胜强

 1-30是"南方长城杯"围棋赛64进32的网上对局。

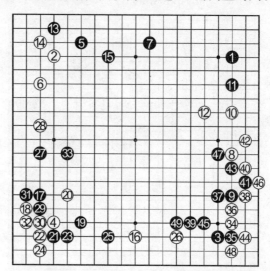

●党毅飞　五段

贴 $3\frac{3}{4}$ 子

○付利　八段

2005.9.23　网上

图1-30

黑用迷你中国流开局,白⑧分投的着点在星位的右下。黑❾大飞守角,白⑩拆二。

黑⓫拆一是似小实大的一手,且先手味道很浓。

紧接着黑在左上角均构成理想形。白⑯拆边继续占大场。

黑⓱挂星时,白⑱二路飞取角,黑⓳高挂是合适的,至黑㉝为止是普通的进行,呈细棋的样子。

白㉞打入是积极的心态,白㊳扳是次序。当黑㊴飞出时,白㊵可如图 1-31 所示的进行。

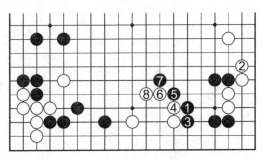

图 1-31

黑❶飞时,白②先安定右边是可行的。黑❸挡,白④就贴住,黑虽能走❺、❼的连扳,但白⑧简单地退一手后,黑没能获得实质性进展,是白方满意的结果。

实战白㊵爬形成双方对攻局面,黑㊶扳下分断白棋是必然的。白㊹是手筋,黑走 46 位冲断不成立。至黑㊾为止,黑白大战的序幕正式拉开,最终党毅飞五段获胜,进而又打入了 16 强。

第四节　对角型布局

对角型布局是指黑❶、❸和白②、④四手棋分别交叉占领四个角的棋形,其典型的代表有对角星、对角型小目和对角型星小目等。与平行型布局相比,对角型布局往往形成激战的局面。由于对角型布局变化丰富,难度相对要大,特别是黑方先着效率不容易充分体现,在业余棋战中不是很普及,但却很受专业棋手的重视。下面介绍一些 2005 年的对角型布局棋例。

一、国内大赛争锋夺冠

1.“倡棋杯”半决赛二龙争锋

应明皓先生创办的“倡棋杯”围棋赛,棋界有“小应氏杯”之称。周鹤洋九段和王磊八段这对龙字辈国手相遇在第一届“倡棋杯”的半决赛上,最终,王磊八段发挥出色,到 174 手时,白获得中盘胜。

如图 1-32 所示,周鹤洋九段用对角型小目开局,王磊八段占对角的星小目。黑❺挂，白⑥小尖，黑❼拆三是定式。

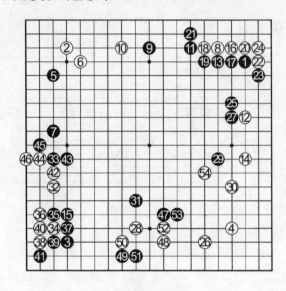

●周鹤洋　九段
贴8点
○王　磊　八段
2005.1.5　浙江宁波

图 1-32

白⑧挂时，黑❾已称不上夹攻了，属分投性质，白⑩是急所。

白⑫反夹是不错的设想，因为直接出动白⑧一子的结果是不利的。

黑❺守角占大场，但白⑯至㉔的活角是很实惠的。黑有了一张没有多大作用的厚皮，且黑㉕还得后手补断。

白㉖守角，成了白快速布局的一局棋，黑在序盘阶段有了一定的问题。

黑㉗压符合鹤洋厚重的棋风，紧接着黑㉙、㉛的两手镇，太过于粗线条了。

白㉜置之不理，照样走目，白㉞至㊻活棋是清楚的，白充分地利用了角的特殊性。白呈优势布局。

黑㊼飞，王磊认为是败着，黑必须在 48 位打入，以发挥外围厚势的作用。

黑㊾时，被白㊿、㊼两个俗手定形后，抢先在 54 位飞出，黑中腹被破，黑布局失败。

2.晚报杯十二岁小孩夺冠

第十八届全国晚报"三亚南山佛教文化苑杯"在风光绮丽的海南岛举行，来自"新民晚报"的胡煜清七段与代表"贵阳晚报"的冲段少年唐韦星五段（当时段位）杀入了最后的决战。

如图 1-33 所示，唐五段执黑走了❶、❸的对角型布局，胡煜清这位业余棋坛的大哥大应对有方。黑❾一间低夹时,白❿是要点,黑⓫守住一边是好的。

●唐韦星　五段

贴 $3\frac{3}{4}$ 子

○胡煜清　七段

2005.1.11

海南三亚

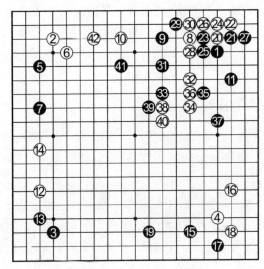

图 1 - 33

白⓬二间挂是稳妥的,黑⓭小尖守角与白⓮拆二,平平淡淡。

黑⓯至⓳走定式。

白⓴托角是普通的应手,但结果并不理想,眼位不全,棋走得太重。

白⓴走图 1 - 34 中的 1 位尖顶攻击是可下的。黑❹若跟着应扳头,则白⑤有穿的手段。黑❹守角时,白⑤扳严厉。

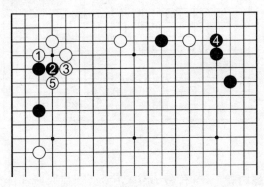

图 1 - 34

黑㉧一边围地、一边攻击好得意。白㊳靠头,黑㊴扳是险着,白应该针对黑的断点做文章。

实战白④太软弱了,黑④镇补强自身之后,白④还得委屈地补,黑的断点也缓和了许多。之后的战斗是愈演愈烈,在官子阶段由于双方时间太紧,几度错进错出,最终 207 手时,胡推枰认负,十二岁少年夺冠。

二、黑白李世石

1.“中环杯”李世石黑胜

李世石在“中环杯”半决赛上,遭到了“日本第一人”羽根直树九段的强烈阻击。但是,李世石不愧是与李昌镐并排的二李,战至第 281 手,黑 3 目半获得了胜利。

如图 1－35 所示,李世石用对角型小目开局,羽根直树应以对角星小目。黑❺小飞挂,白⑥二间高挂,互挂。黑❼守成无忧角,白⑧二间高夹是可行的。

黑❾飞压至白⑯跳是定式。黑⓱脱先守无忧角不成功,白⑱扳实利太大,黑还是应该走定式,20 位冲后,再走 18 位立。

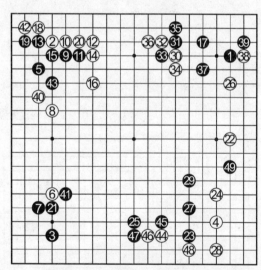

●李世石　九段
贴 6 目半
○羽根直树　九段
2005.8.18
台湾台中

图 1－35

既然黑不走,那白就走 18 位扳,黑⓳立关系到根据地,白⓴补。

黑㉑是期待着的一手,白㉒拆边占大场。黑㉓挂角是紧要的,防止白两翼张开。

白㉖拆边虽大,但并不急。由于白征子有利,走 44 位打入可行。黑㉗、㉙连跳两手,下边黑阵棋形生动,布局成功。

有了白㉖,白㉚低一路似乎才更合理。黑㉛、㉝扭断是好手。白㊳机敏,白强行脱先是正确的。

白㊵当重视大局跳出白⑥一子,被黑㊶扳后,相信李世石已经嗅到了胜利的信息。

白㊹打入,黑㊼强行挡住争先手,白㊽渡回是不得已的。

黑㊾打入,白边空被破,黑布局顺风满帆。后李世石决赛不敌崔哲瀚,获亚军。

2. "富士通杯"李世石白胜

如图 1－36 所示,白②、④对角型小目的下法在韩国很流行。黑❾分投上边,两边都有拆二的余地。

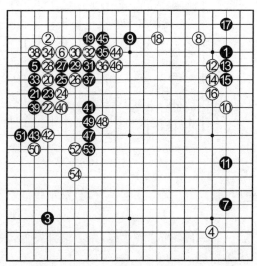

●崔哲瀚　九段
贴 6 目半
○李世石　九段
2005.7.4
日本东京

图 1－36

白⑩夹击,黑⓫拆二价值变大。白⑫飞封,先手走厚外势。白⑱和黑⓳定形后,白⑳飞压。

黑㉑跳是常见的,白㉒跳封是最近流行的下法。黑㉓、㉕立即冲断导致激战,但结果使黑处于被动的地位。

白㉖打方向正确,白㉚、㉜冲出是必然的选择。黑㉟只得强行挡住,白㊱断打之后,走 38 位挡角获得根据。中央让黑先做选择,白以静待动,反正黑没有强力的手段。

实战黑❸先三路爬一手,再走 41 位的跳,白❷跳必然,黑❸实行贴身战,白❹打,把黑棋分断,当然是依靠右上厚势作背景。

白❺扳,黑棋碎成三块,而白棋只要处理左边一块就行了。

白❺飞,充分地体现了李世石的力量。黑❺压上当,此时当走四路的断,破坏掉白弃子的手段。从图 1－37 中,可以看出黑❺与白❺交换的损失。

第二谱 1－23(55－77)

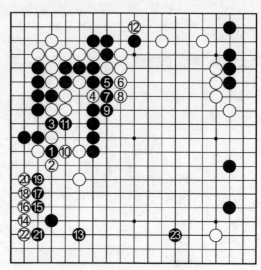

图 1－37

黑❶再断已错过时机。白❷至白❿是一气呵成,把棋筋都给弃了,就是为了白⑫的杀着!

黑⓭守角占大场,白⓮二路漏的“潜水艇”招数恰到好处,黑拿不住白棋。至白㉒为止,白明显是优势棋局。

黑㉓逼是最后的一个大场,布局似乎结束。但大杀大砍的中后盘才刚刚开始,所谓大杀小输赢。最终,李世石执白 2 目半获胜,一共进行了 245 手。

三、韩日高手夺杯忙

1.“毒蛇”连败再连胜

第十届韩国“GS 加德士杯”决赛是五番棋,有“毒蛇”美名的崔哲瀚九段二连败后三连胜,最终战胜了“石佛”李昌镐九段。

如  1－38 所示,是崔九段与"石佛"的第五局较量。黑采用了战斗激烈的对角型布局。黑❼拆三是定式的下法,白⑧挂角,黑❾分投,白⑩占要点,黑⓫拆二且夹攻白⑧一子。

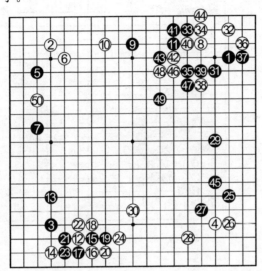

●崔哲瀚　九段

贴 6 目半

○李昌镐　九段

2005.12.1

韩国首尔

图 1－38

白⑫从宽广的一侧挂角,黑⓯碰是崔九段喜欢的手法。白⑱打弃角,黑实利可观,且黑还有引征的利用。

黑㉕挂角,白㉖扎钉,黑㉗飞压一下,抢占 29 位的制高点,黑棋形生动。

白㉚防止逃征子,且扩张一下势力。黑㉛尖逼白出牌。

白㉜飞角至㊸成活后,也把黑的外墙撞厚。除此之外,白棋又能有什么好办法呢?

黑㊺坚实地补一手是充满信心的。当白㊽曲时,黑㊾飞得到了普遍的赞誉。

白㊿打入后,双方围绕上边黑棋和左边的打入展开较量,至 144 手时,李昌镐束手就擒。

2. 张栩零封又卫冕

张栩九段和山下敬吾九段被誉为日本棋坛的"双子星座"。在第五十三期王座战上,山下敬吾挑战失败,张栩 3 比 0 零封对手卫冕王座成功。

如  1－39 所示,张栩在 2 比 0 领先的情况下,没有给山下敬吾任何机会,第 3 局中以 9 目半大胜,共弈了 288 手。黑❶、❸用对角型小目开局,黑❺挂

时，白⑥针锋相对以二间高挂。

●张栩（王座）
贴6目半
○山下敬吾（挑战者）
2005.12.1　日本奈良

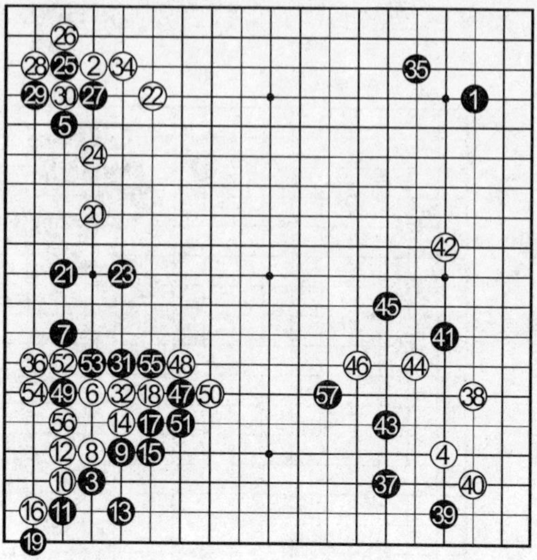

㉝＝㉕

图 1－39

黑❼一间夹时，白先手定形后，抢占20位的二间高夹。

黑㉑拆一冷静，白㉒飞边，黑仍然不直接出动黑❺一子，黑㉓跳间接声援是好棋。

白㉔跳封，黑㉕至㉙做劫是预定的计划。黑㉛刺是顺手的劫材，白㉞退后一步是明智的。

黑㉟守无忧角，并防白在上边成势。白㊱补活，并看着黑❼等三个子。

黑㊲挂角的方向正确，黑㊶不走定式而夹攻，接着走黑㊸的跳是与左下势力相配合的特定手法。

白㊹飞出是山下敬吾力战棋风的体现。黑㊺飞出轻灵，白㊻继续朝中腹出头，但联络不完整。

黑㊼扳，白㊽不能妥协。黑㊾跨是弃子的手筋，是长棋的好教材。

白㊿打头舒服，但黑(51)忍耐以后，白没有严厉的后续手段。至黑(57)为止，黑掌握了布局的主动权。

第五节　特殊型布局

一、不占空角的布局

首次代表中国参加三国擂台赛的谢赫六段,继上轮半目险胜韩国元晟溱六段之后,又中盘战胜了日方攻擂棋手山田规三生八段。这是第七届"农心杯"第八局的比赛。谢六段以他喜欢的错小目开局,在快棋赛中选择自己熟悉的布局套路是很实际的。白④不占最后一个空角,而直接一间高挂。

如图 1-40 所示,黑❺外靠,双方走定式。白⑩不拆,不占空角,又去挂小目,黑⓫一间高夹导致双方激战。这之后双方杀得天昏地暗,一直脱不开手,直到第 179 手黑方占第四个角的小目。不过,这仅是个大官子而已。占空角的一手,居然是收官,真是奇特的棋局。

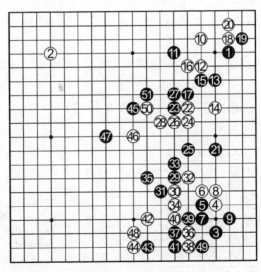

●谢　赫　六段
贴 6 目半
○山田规三生　八段
2005.11.26
韩国釜山

图 1-40

白⑭拦击是现代围棋的典型手法,至白⑳生根是正常应接。

黑㉑把白棋分开作战,但实战的结果并非有利。

白㉖拐头也可考虑直接切断黑棋求战,黑也没有把握。黑㉗把断点焊接,白㉘挺头中央。

黑㉙小飞是好棋,在压迫白棋的同时还走强了自身,似乎可以满意。

但黑㉟的虎却是谢六段后悔的一手。如图 1－41 所示，黑❶、❸、❺一路贴下来完封则气势庞大。白棋也借搜刮黑角成活，到白⑭为止是活形。谢六段当时忽略了黑⓯的先手团，白只能后手做活，黑角同时成活。白⑫如果走 15 位先挤，再二路扳粘的话，黑便从右侧的三路冲，白挡，黑一路打吃白⑥一个子。白要想先手活棋就必须把上方的黑棋撞成铁壁，也是黑有利的结果。

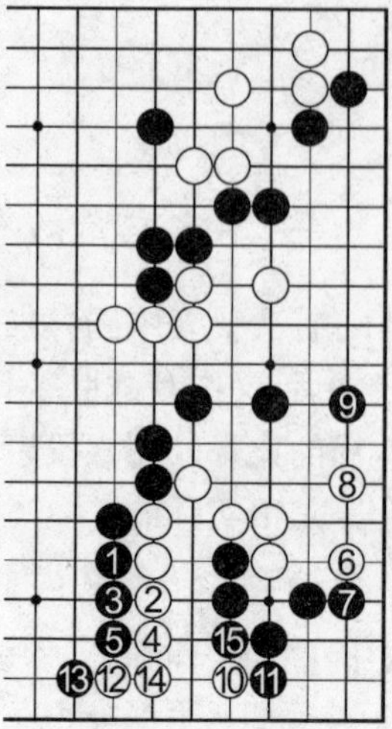

图 1－41

白㊱飞攻黑角乃棋形要点，但黑㊲靠犹如神来之笔，白㊳下立多弃一子正确。

黑㊶挡，白㊷跳，黑㊸跳时，白㊹靠使黑动弹不得。

黑㊶很想走如图 1－42 所示的 1 位长，白②必然，黑❸扑后，获得了黑❺、❼冲断的利益。但白④多紧一气后，黑角部损失也不小，黑难以定夺。

黑㊺虚罩，白㊻飞出头，黑㊼镇头是佯攻，并没有一定的手段，其目的还是想出动下边。

白㊽冷静，黑㊾补是应该的。否则有图 1－43 所示的手段。

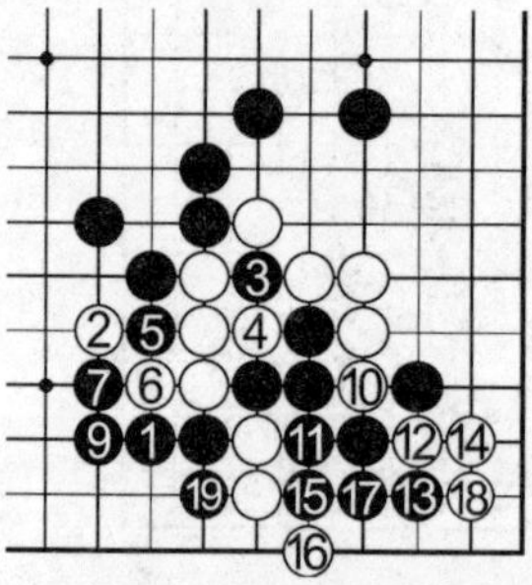

⑧＝❸

图 1－42

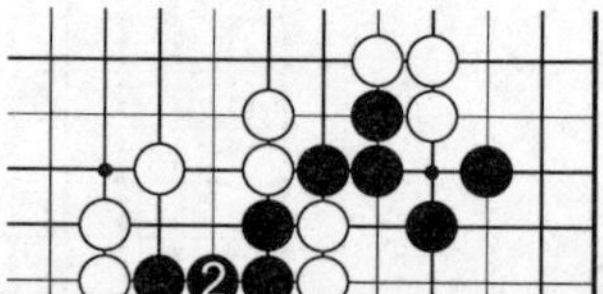

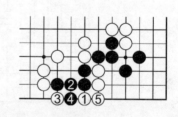

图 1－43

白①扳妙手，白③再走一路扳撞黑气更妙，结果净杀黑棋。黑❷若走 4 位打，白接后，黑是两气也不行。

白㊿小尖，黑(51)扳住。双方在上边的战火又烧到了左边，一直没有占空角的布局机会，结果当各处的大杀大砍都定形后，左下的空角成了官子的地方。

二、模仿棋

> 模仿棋也叫对称棋,指对局的一方跟随另一方在棋盘的对称处下棋,所有的围棋规则均无明令禁止,最后形成黑白完全对称的棋形。由于 20 世纪 30 年代先行的黑方是不贴目的,这样一着一着地模仿下去,黑有先行之利,对白棋非常不利。在当今大贴目(子)的时代,模仿棋使黑方的贴目成为累赘,从理论上讲白方可以一试。

1. 2005 年十大对局之一——影子棋局

在第十八届名人战八强战中,年仅 18 岁的王雷四段(当时的段位)弈出了一局罕见的"一级模仿棋",并出现互逃征子的刺激局面。之后,双方数度劫争,最终王雷将中央黑 23 个子一把提吃,但却小败 3/4 子。从棋的内容来看,出现这一结果不能说成是模仿棋的失败,白在中盘时机会没有抓住。

老将俞斌九段选择了平时不常用的星小目(注意小目的方向)开局,小将王雷决定尝试模仿棋,试图用这种影子战术以小胜老。但俞九段竟落子如飞,好像有备而来,没有一点"魔鬼缠身"的感觉。

如图 1－44 所示,黑❶不是定式的走法,而是想形成征子。一旦形成互

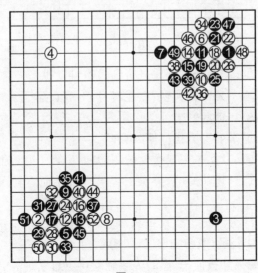

● 俞　斌　九段

贴 $3\frac{3}{4}$ 子

○ 王　雷　四段

2005. 6. 20

中国棋院

图 1－44

征的局面,执后手的白方便不能模仿了。白⑫是有意而为之,黑❸扳,白⑭照样"复印",黑❺连扳,白⑯亦连扳,黑❼打,白⑱继续模仿。

当黑❾时,白⑳如继续模仿下去将遭灭顶之灾。如 图 1－45 所示,这种互征的局面进行至黑㊱时,黑充分发挥了其先着的优势,把白棋征吃了,白必大败。这种用征子手法打破模仿的棋局在实战中出现过,并称为"大破连环马"的奇谱。40 多年前的日本第 1 期旧名人战中,杉内雅男执黑大胜藤泽库之助(即后来的藤泽朋斋),并创造了"大破连环马"的棋谱。

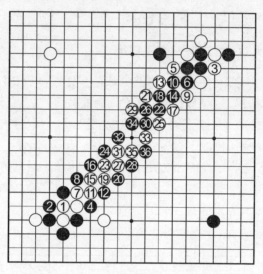

图 1－45

实战黑㉕必须先打防止被征。进行到黑㉛可以说是必然的应对。黑㉛虽能征吃白棋,但由于有了黑㉕的交换,白能转身,形成互提征子的结果,黑大败。白连走 38 和 42 位两打,能起到引征的作用。

白㉜是巧妙的"等着",看黑如何"出牌"。

从黑㉝到白㊻又开始了第二次模仿,并开始出现了互逃征子的刺激局面。

进行到白㊾为止,模仿照旧,黑棋一直没有机会征吃。因为,黑白互拔征子的话,黑的先着效率不易发挥,$3\frac{3}{4}$子的负担没处落实。

如 图 1－46 所示,黑❶则白②,黑❸就白④。当进行到白㉞时,黑㉟是硬着头皮的一着。如果互拔征子,黑的先手利益将更难实现。

白㊱逃时,黑明知征子不利也只能为之,黑的目的是为了整形。

其实,模仿的根本目的是不模仿,从而获得棋局的优势。

第二谱 1－47
(53－99)

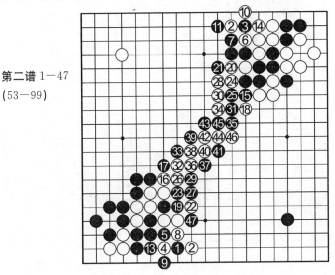

图 1－46

2.打破模仿棋的经典之作

在 1957 年"NHK 杯"决赛的对局中,坂田荣男执黑对阵有"模仿棋之大家"称号的藤泽库之助,白棋一直模仿到第 106 手。黑 107 占据形势的要点——天元后,宣告模仿结束,并取得棋局优势。 ⚫ 1－47 是实战谱。

由于当时执黑先行有了贴目的负担,下模仿棋就成了白棋的一种有力武器。藤泽常在重大的比赛中模仿对方,搞得执黑棋手欲摆脱而不能。

从白②一手开始模仿,黑❺挂小目角,白⑥也照搬不误。黑❼一间夹,白⑧如法炮制,看黑❾如何行棋。深谋远虑的坂田先生将棋局引向中腹,从而形成双方逐鹿中原的战略格局。至白⑭时,白完全模仿对方,中腹的争夺势必愈加激烈。

如 ⚫ 1－48 所示,黑❶压占领棋形要点,白②模仿依旧。但黑利用先行之便,把天元的位置变得非常重要,黑❸占据全盘形势消长的要点,打破了白的模仿,且使己方获得优势。

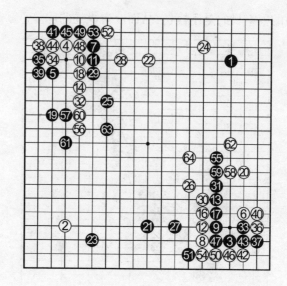

●坂田荣男
○藤泽库之助

图 1-47

第二谱 1-42
(65-107)

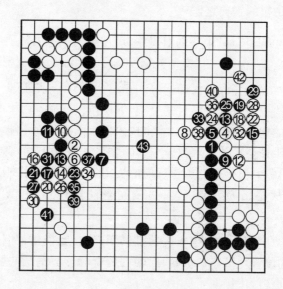

图 1-48

这是坂田先生奉献给棋界的宝贵财富,即打破模仿棋的经典战例。

三、古力的三连星布局

1."宇宙流"三连星

武宫正树九段的三连星布局被誉为"宇宙流"。如 1－49所示,当白⑥挂时,黑❼一间低夹似乎成了唯一的选择。黑以右边的势力为依托,在中腹构成庞大的形势,从而主导全局,在十几年前是非常流行的。图1－49是最正宗的"宇宙流"三连星布局,黑的大模样初现雏形。由于"宇宙流"的模样很不完整,甚至可以说是四处漏风,白一旦得手,黑挽回的余地很小,因此,其胜率不高是致命弱点。

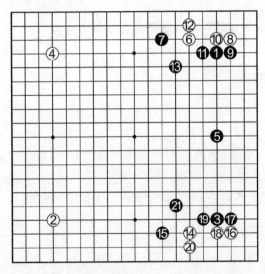

图1-49

2.古力的三连星布局

在第四届"CSK杯"第三轮的较量中,古力七段执黑弈出了不同以往的三连星布局。

如 1－50所示,当白⑥挂时,黑❼守,白⑧飞角时,黑❾走成四连星。当李世石白⑱再挂时,黑⑲尖顶后,又继续守右边,古力的意图就是要把右边实地化。

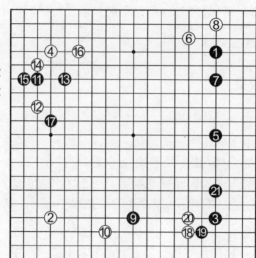

●古　力　七段
○李世石　九段

2005.5.3

图 1 - 50

3.古力的"宇宙流"

在第十八届"富士通杯"八强战中,古力利用三连星的优势,弈出了"古力宇宙流"的布局。

如 图 1 - 51 所示,黑❼是古力七段的既定方针,白⑩直接点角取地,黑⓫继续贯彻初衷,至黑㉓为止。黑的厚势完整,潜力巨大。白㉔也构成了三连星的格局,黑㉕的"三级跳"很有气魄,从而形成了具有特色的"古力宇宙流"布局。

4.富于变化的古力三连星

如 图 1 - 52 所示,在第一届因特网世界网络围棋公开赛的半决赛上,古力七段尝试了黑❼一间夹的走法,针对白的双飞燕,黑❾又超乎寻常地选择了守角,黑⓫盖住的位置绝好。白⑫飞后,三星已不连,但黑❺镇头后成好形。至黑⓱拆二的布局,黑棋形势绝不占下风。

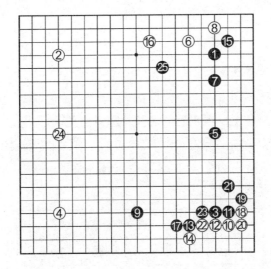

●古 力 七段
贴6目半
○宋泰坤 七段
2005.6.4

图 1-51

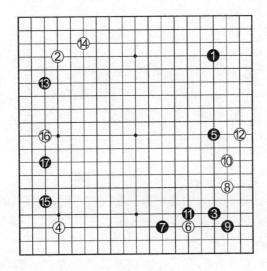

●古 力 七段
○周俊勋 九段
2005.2.26

图 1-52

四、让子棋

1. 业余冠军逞英豪

12岁的冲段少年唐韦星获得2005年度的"全国晚报杯"冠军,同时在专业业余对抗赛上又战胜了中国棋院的老院长陈祖德九段,为业余棋界增辉不少。

如1-53所示,白③、⑤、⑦、⑨采用了让子棋的特殊布局。黑❿单关守角的方向不如选择下边小飞守,那样更积极主动些。以后白若左边小飞挂,黑❽一子的位置恰好攻击。

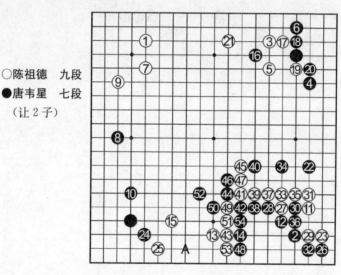

○陈祖德 九段
●唐韦星 七段
(让2子)

图 1-53

白⑪小飞挂,黑⑫小尖,白⑬分投,黑⑭大飞是要点,白⑮拆在高位。

黑⑯刺太直接了,被白⑰、⑲先手处理后,走到21位的夹,黑⑯一子动弹不得,黑亏损是毫无疑问的。

黑㉒夹攻是明显的好点,白㉓小飞进角以利生根。黑㉔转到左下角小尖守角护目,同时削弱白拆二的根据,白㉕跟着应了一手。

黑㉖靠是搜根之着,白㉗先交换一手后,白㉙顶。黑㉚挖打有些随手,还是单走32位的挡较好,白㉛长不好,应当32位拐下。实战被黑走到34位跳之后,黑走在外面有所得,而白单纯逃孤棋苦不堪言。

白㉟继续出头,黑㊳乐意,白㊴时,黑㊵再跳抓住白棋不放。

白㊶虽头在前了,但黑两边走到,好处也捞足了,白似乎走了一串单官。

白㊸横顶,黑㊹扳头显示出业余冠军的实力,白㊺、㊼不得不屈服,黑再回到48位的要点。

白㊾断生乱,黑简明处置后,仍盯住白━大队弱子。同时,下边白阵地也显空虚,黑若 A 点打入,白难办。在布局阶段,白没能打开让子的局面。

2.古大力让子不发挥

古力七段的力量大是人所共知的。面对业余围棋斗士孙宜国七段的专业业余对抗赛,古力选择了异常平稳的开局,中盘作战反被孙七段便宜了近半手棋,战至 166 手,白投子认负。

如⊠ 1－54 所示,黑❷、❹的非常规布局是想体验一下好战的古力七段的战斗力量。

白⑤双飞燕,黑选择古老的倚盖定形,其中黑⓬倒虎,并不怕白来冲断。因为白气冲紧之后,右边白断点要补,两边难以兼顾。

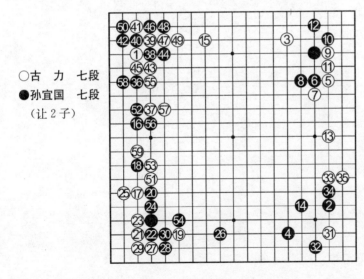

○古　力　七段
●孙宜国　七段
（让 2 子）

图 1-54

白⑬拆边,黑⓮补撑得很满。白⑮拆的位置是考虑到白③的因素。

黑⓰是眼见的好点,防止白两翼张开。白⑰的挂有拆二的空间,黑⓲一石二鸟。

白⑲双飞燕,然后白㉑点角取实空,局面更加简单了。

黑㉖的二间夹不紧不松，位置颇佳。白㉗至黑㉚交换定形。

白㉛点入试黑应手正是时机，白㉝也是一子两用，黑㉞以愚形横顶护住角空是争先的好手，白㉟下立仍然看着黑角。

黑㊱价值巨大。白㊲是封锁黑的第一着棋。黑㊳针锋相对靠压出头，但被白㊺接后，黑只得取角。

白(51)扳出后，局面比较接近，黑二子的优势不明显。黑(52)是必然的，这里若再被白冲开，黑形溃烂。

当白(53)继续施压时，黑(54)补棋是冷静的佳着，下边的黑形很完整。

白(55)时，黑(56)是次序，逼白(57)应一手后，占 58 位的要点。白(59)是似小实大的一手，实战中不可忽视。

第二章　实战中的弃子与治孤初步

第一节　实战中的弃子

弃子是指实战中有意让对手吃掉几子以换取较多的利益,其特点为:弃小而得大,弃废子而取要子,弃少数子而造成壮大的外势。总之,就是借助弃子而成为优势。弃子的时机把握、巧妙地活用弃子,在实战中都是很重要的。

下面介绍实战中容易出现的图例,读之可启发思路,宜于研究。

一、问题图 1(黑先)

如**图** 2 - 1,让子棋在实战中会经常出现。黑棋周围几乎全被白棋包围,没有比白①打入三三更凶的棋了,黑如应不好,就要垮台。黑怎样应才好呢?

黑❶挡,白②扳,黑❸退,俗不可耐,这样的走法人人都会。如 1 **图**,接下来——

以下白④长至白⑧渡过,黑虽能活,但角部受损,受到相当压制,如 2 **图**。

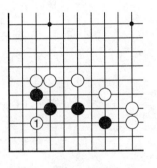

图 2-1

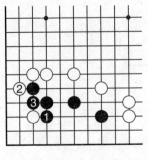

1 图(俗手)

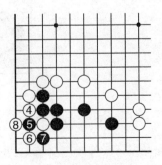

2 图(苦活)

47

可谓"苦活",乃俗手所致,请看 3 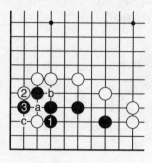——

角部安全第一,黑非走❶、❸不可,如 3 图。无须担心白从 a 位冲出。此时黑❸若走 b 位,则白 c,黑更不行。计算准确显得尤为重要。

对于白④的冲进,黑走 5 位而弃▲一子是好手。白⑥、黑❼后,黑的眼形充分,并无不安之虑。如 4 图。

3 图(正着)

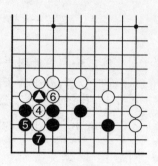

4 图(弃子)

请以 2 图和 4 图作比较,仅舍弃一子便有天差地别,可见弃子手段的重要。而且这样的走法令白无变化的余地,十分无奈。

若白在前图不走 6 位提,而走 5 图 1 位长,则黑❷接,以下 a、b 两点黑必得其一,白棋反而被吃,白不行。

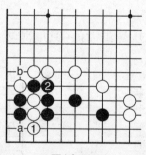

5 图(白无理)

二、问题图 2(黑先)

如图 2-2,现在白①尖、③飞要吃左下角黑棋,当然,角内黑已无法做成两眼,黑如何利用弃子的手段,巧妙地冲破白棋防线,使之左右连接呢?

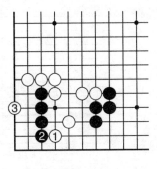

图 2-2

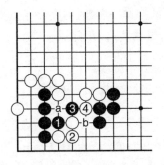

1 图（俗手）

如 1 图，黑先走❶、❸的人，也许不在少数，但被白②、④普通应对后，黑无后续手段，黑 a 则白 b，黑 b 则白 a，黑棋失败。

如 2 图，黑❶挤，则白②接，此后，a，b 两点白必得其一。这也解决不了问题，黑小不行。

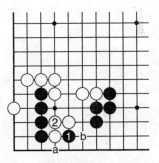

2 图（失败）

如 3 图，黑❶的跨是正解。如白②断，黑❸冲。以下白 a 则黑 b，简单地就可以连络。如白 b 则黑 a 连，对杀明显是黑胜。

如 4 图，白①换个方向断，则黑❷也从这个方向断，这个场合的❹一子，不用说是弃子。当白③打吃时，请看 5 图——

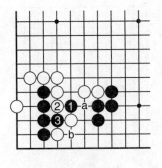

3 图（正解）

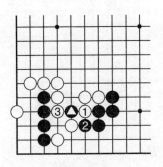

4 图（弃子）

如 5 图，黑❹打吃，弃子的效果凸现。白⑤接必然，黑❻渡过，角部黑子得救。

如无△的弃子，就绝对无法联络。

三、问题图 3（白先）

如图 2-3，对白①的点，也许感觉有点过分，但这是和右面△一子相关连的手法，当然可以这样走，需特别注意。对此，黑❷、❹强行挡住。

白在以后怎样走呢？

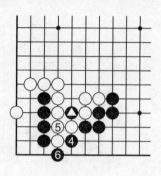

5 图（联络）

如 1 图，白①爬最坏。由此失去了所有的手段。其后白③冲、⑤断至黑❽止，白无后续手段，一无所获。最初走白③的冲也是恶手，乃损先之形。

总之，在敌方的势力范围内，像这样直接进行，难以"出棋"。无论如何得从弃子方面打主意，方可突破，才能有所收获或出奇制胜。

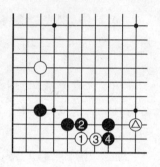

图 2-3

如 2 图，考虑从周边情况出发而采用弃子手段来打主意的，首先会走白①碰，乃此时的常用手筋。黑❷如挡，则白弃△二子而走 3 位长，制约黑△一子的活动，本来黑无忧角是黑的势力范围，现白得利极大，很充分，能够满意。

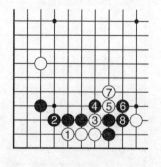

1 图（最坏）

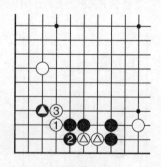

2 图（交换）

如 3 图，对付白①，如黑❷盖，怎么样？此时白③冲是时机，黑❹挡，而后再于白5位爬。下接4 图。

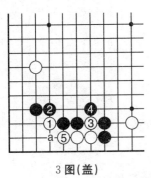

3 图(盖)

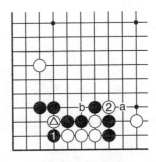

4 图(弃子的效果)

如4 图,黑如走1位断,则白立即由2位断。充分发挥白△一子的弃子作用,封住了黑a位打吃的一手,因黑若a位打吃,则白b双吃。

如5 图,续4 图,从而黑只能在3位接,白④挡,即可吃掉黑❷二子,白棋成功。

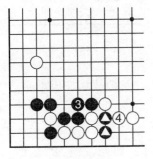

5 图(吃二子)

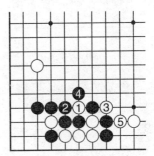

6 图(画蛇添足)

如6 图,有人先走1位断迫黑❷接,再走3位,把白①作为弃子,这是极大的错误,因为弃子的目的在于得利,而白①至黑❹,徒使黑凌空拔一子,白极不合算,只需和5 图比较就可明白了。

如7 图,对于白△一子,如黑❶接避免被白双打吃,则白②至⑥轻松而活。同时黑留有a、b两个断点,当然白好。

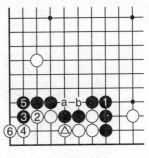

7 图(活)

四、问题图 4（黑先）

如图 2-4，这是黑对小目一间高挂，白一间低夹形成的图例。对黑❶的托，白②、④冲、断是一种欺着。那么黑在这里怎样应付呢？

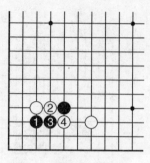

图 2-4

如 1 图，黑❶打吃、黑❸接是常见之手，但这是俗手，当然不好。

但是角上黑二子还没有死净，多少有些余地。

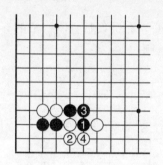

1 图（俗手）

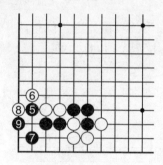

2 图（劫）

如 2 图，前图之后，黑❺扳、❼虎，则有白⑧、黑❾成劫。但难寻这样大的劫材，黑功亏一篑。

如 3 图，白⑥挡时，如黑❼接，白⑧虎。以下黑❾挡，白⑩扳，黑⓫挡，白⑫再扳，黑⓭挡，白⑭点，黑死。

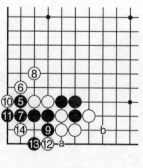

3 图（黑死）

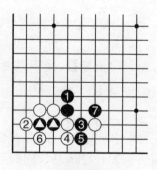

4 图（有力）

又如黑❶走 14 位,则白 11 位冲,黑挡,则白 13 位点,黑亦死。虽有黑 a、白 b 的交换,但结果一样。

如 4 图,黑❶立较前下法积极。以△二子作为弃子,结合下边的配置是有力之手。但因白实力太强,一般说来,黑不行。

如 5 图,黑❶从这方面扳,白②挡时,黑❸打吃。这是最佳的行棋次序。

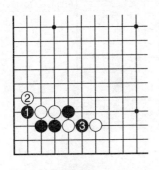

5 图(最佳)

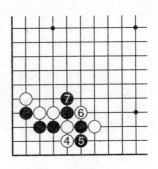

6 图(欲弃子)

如 6 图,白④如下立,则黑❺挡,促使白⑥、黑❼的交换,黑欲弃下边二子。

如 7 图,黑△二子当然是弃子。白⑧打吃时,黑❾吃白△二子,这个交换黑好。白的欺着成为被粉碎之形。

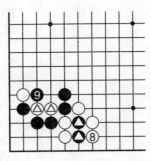

7 图(成功)

五、问题图 5(黑先)

如图 2-5,取材于高手对局。请看黑利用△二子,如何弃子作战?

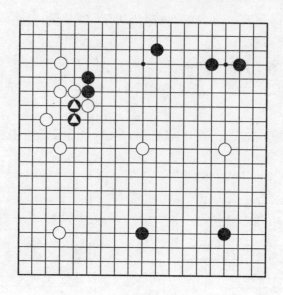

图 2-5

如 1 图，黑首先在 1 位尖顶，白②应，不让黑在这里打通，这好像是必然，其实白②挡是疑问手。

如 2 图，黑❸打吃逐渐开始弃子作战。这时白如注意到对手的意图，是不会走白④长的，只注意到不会被征杀，这是白方的重大忽略。

但黑下一手走在哪里呢？如走黑 a，白也不会在 b 位长。

如 3 图，黑❺罩是好手，也是对上述提问的解答。白⑥冲时，黑❼当头压。由此准备就绪，等待弃子作战的全面完成。

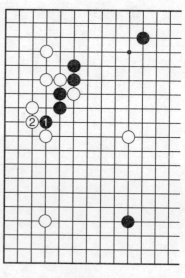

1图(尖顶)

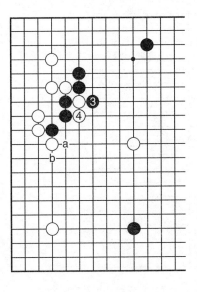

2 图(下一手?)

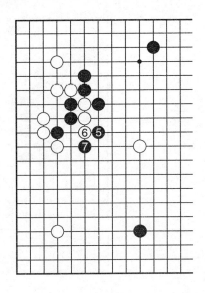

3 图(罩)

　　如 4 图，以黑▲三子作为弃子，由黑❾至⓫，先手严密封住白棋。黑⓭虎补，至此，双方作战告一段落。

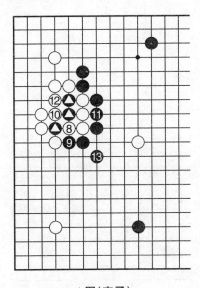

4 图(弃子)

　　请看 5 图。黑方强大的势力范围内白△二子成孤影之态，虽不会死，但在

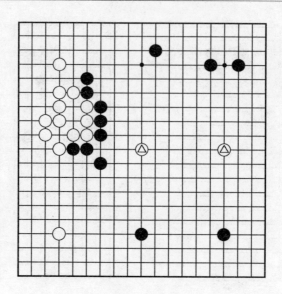

5 图(巨大的模样)

其谋活之际,黑可在上下围成巨大模样,是不言而喻的。黑这个厚味对白来说,毋庸置疑是致命的。

黑弃子作战成功,这局棋,白不久就认输,这是不令人意外的。

六、问题图 6(黑先)

如 **图** 2-6,取材于实战。黑如何利用弃子,侵入白棋的模样?

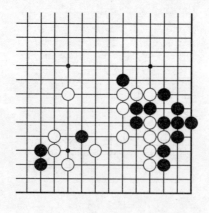

图 2-6

如 1 图，黑❶的冲是最普通的一手，但也有俗手的意味。

白②应，黑❸冲时，白④才挡。以下黑若 a 位断，则白 b 位先打吃而严密封锁，黑如 c 位粘，则白 d 位打吃，黑无所获。

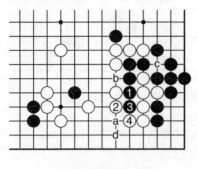

1 图(俗手)　　　　　　　　　　　2 图(不充分)

如 2 图，黑❶由这方面冲，较前图稍好，但还是不充分。

白走②至⑥，黑便无后续手段。

白⑥之后，黑 a 长，则有白 b、黑 c、白 d 的强硬手段，黑有被吃的危险，原图的良机就此丧失，不再出现。

如 3 图，实战中的黑❶扳。黑❸断，真是绝妙！这样处于劣势的黑棋，有这两手，一举形势倒转。这两个弃子的重大作用，请看以下图的变化，就能知晓。

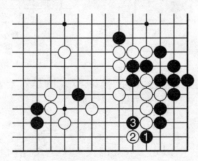

3 图(绝妙的弃子)

如 4 图，白①打吃，黑当然以❶为弃子走 2 位冲，白③只得提，黑❹接而且是先手，以下有 a 位跳，也可 b 位冲，黑棋手法多多，白棋模样顿成泡影。

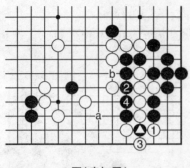

4 图(疾如风)

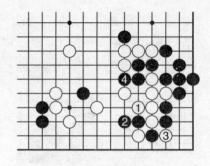

5 图(白难办)

如 5 图,白改在 1 位打吃,黑❷长,白③只能打吃,黑❹冲,白已难以应付。

如 6 图,如白⑤挡,则黑❻打吃,白⑦提,则黑❽,白 a 不能接,而且还留有 b 位的断,这是白最坏的结果。

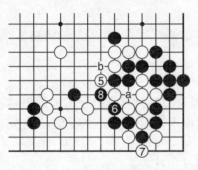

6 图(白最坏的结果)

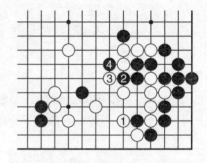

7 图(白的抵抗)

如 7 图,白①打吃是最顽强的抵抗。实战也是这么走的。这样,黑也走❷冲、❹断。

如 8 图,白①若接,则黑走 2 位能制白△四子的活动。右边一带黑地巨大,白不能争。

如 9 图,白如走①、③,黑❷接后,以下白也难以为继。

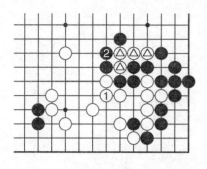

8 图(吃白四子)

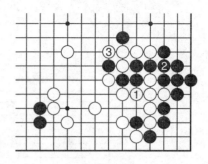

9 图(白难以为继)

如 10 **图**,续前图。黑**❹**打吃。如白⑤提,则黑**❻**扑白△七子。黑△子起到巨大作用。

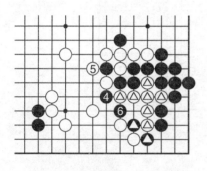

10 图(扑)

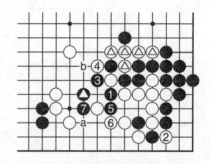

11 图(实战的次序)

如 11 **图**。实战是由本图黑**❶**走至下图黑**⓮**。

即黑**❶**、白②打吃,黑**❸**提一子和黑△联络。以下白④打劫顽抗,支持白△五子。黑**❺**和白⑥交换,而后黑**❼**冲。

值得注意的是,如白不留神走 a 位挡,则由于黑走 b 位,白△数子将再次面临危险。

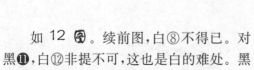

12 图(侵略如火)⓮粘

如 12 **图**。续前图,白⑧不得已。对黑**⓫**,白⑫非提不可,这也是白的难处。黑**⓭**滚打救△一子,至**⓮**粘劫而告一段落。黑棋确定胜势。

七、问题图7(黑先)

如 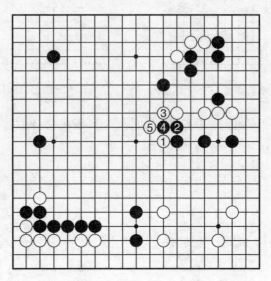 2－7,这是让二子棋所走成的实战形。白①至⑤之后,看来是弃子作战。

图 2－7

如 1 图,黑❶及❸断,必然之着。

在让二子的棋中,依靠让子的消极走法是不行的。接着,黑❺的扳入是严厉的。但这手,应走 a 位压。因黑❺走得过火,形成了大交换。

如 2 图,在这里,白①立即觑是抓住良机的绝妙逼应。

如 3 图,对于上图白①的觑,如黑❷接,则白以⚪作为弃子而走③至⑨交换。

至此,虽不能说黑右边三个子已完全死透,但中央的白六个子也还有伺机活动的余地,看来还是黑不利。

如 4 图,前图的黑❻如走本图的黑❶,则被白②提。

黑▲和白⚪的交换,虽是三子对三子,黑棋是向边发展,而白棋是向中央发展。在这筑成的白势,对左边一带的黑棋模样是一种巨大的威胁。尤其,黑还是后手,实利也不及白大,白棋作战成功。

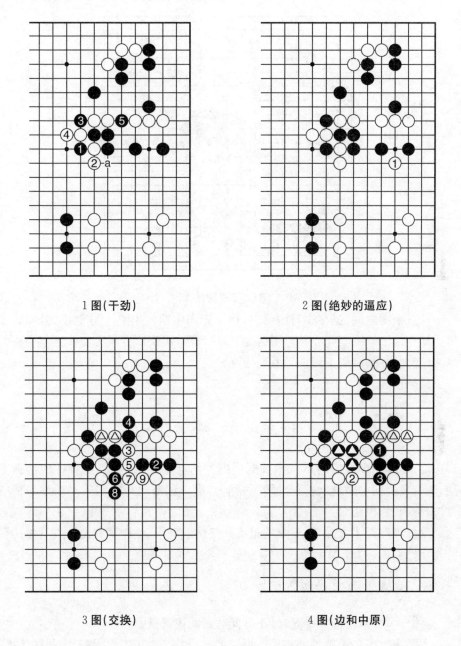

1 图(干劲)

2 图(绝妙的逼应)

3 图(交换)

4 图(边和中原)

如 5 图,对于白①的觑,黑走 2 位,则白③是必然之着。那么,读者在 3 图

61

至 5 图之中,选哪个呢?

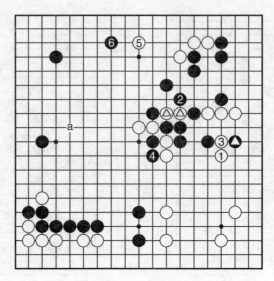

5 图(二子局的杰作)

　　这三个图之间,虽多少有所得失,但是竞向中腹发展是十分重要的,而让子棋手却选择了本图变化。其后不久,白 a 位攻黑,再次演变成大交换。但中央的厚味,起到作用,结局黑以四目胜而告终。

　　这局棋成为"二子局的杰作"。

第二节　治孤初步

　　治孤,即治理孤棋的方法。根据周围的情况不同,也有各种各样的治孤方法,既有只要向中腹逃出就行的情况,称为"逃棋法";也有安定下来就地做活的方法,称为"活棋法"。

　　治孤当然是个大课题,本章通过实战棋例的解析,试图培养出一种学习治孤的初步感觉来。

一、孤棋方面的一些常识

　　图 2 - 8,在进入中盘时,不可同时走两块孤棋。

　　本图为授子局中常见的布局。白①关出及白③大飞走出,都是用强的手段。在进入中盘时,不能同时走两块孤子,白方用强已犯兵家大忌。

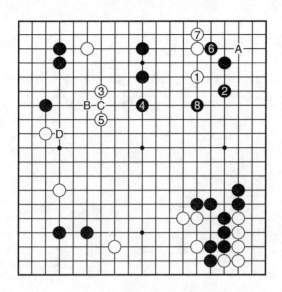

图 2-8

所以白①应于 A 位点角,先取实利,再黑在 4 位镇头浅侵入腹,或于 2 位一间高夹试黑应手,以作弃取,必定较关出走重为好。白③更不应大飞走出,应当相机弃取,伺机侵黑角为妙。

实战黑❷、❹关出乃扼要,白⑤不得不再关,黑❻尖顶搜白眼位,白⑦立后,稍留侵角余地。黑❽飞封亦极其扼要。此后,右上白须经营求活,黑尚有 B 位刺应手,白 C 位接,黑再于 D 位飞压,为声东击西之法。白左边二子及③、⑤两子未活,亦终受累。这都是两边逃孤惹的祸。因此,"在进入中盘时,不可同时走两块孤棋",为常识之一。

图 2-9,在进入中盘时,凡是不应该逃走的孤棋,不可轻动,以免授人以柄。

本图为授四子局中常见的布局。白①逃出孤子,为时过早,且黑右上角已固,反而造成黑子借攻孤而张势。

所以,白①应当于 A 位拆三,含有 B 位托过的腾挪,方为上策。

实战白①尖出,黑❷长,双方走至黑❽拆三攻白上边一子时为止,白已得不偿失。且黑此后尚有 C 位扳攻白右边的手段,白若在 C 位补,则落后手,黑于 D 位补角,则成空更多;白如于 E 位先点,则后手活角,黑又可 C 位扳出,白难两顾。

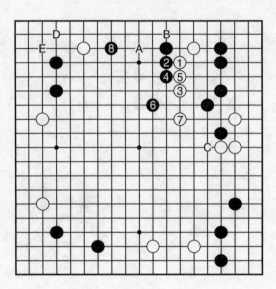

图 2-9

因此，与其恋子而求生，不如弃子而取势。所以在进入中盘时，凡是不应该逃走的孤棋，不可轻动，以免授人以柄，为常识之二。

图 2-10，在中盘行棋时，互向中腹关出，必关而不镇。

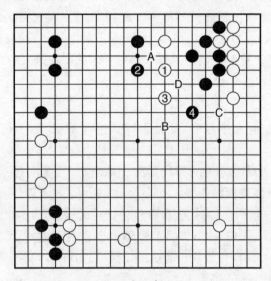

图 2-10

本图白①关逃出孤棋。不愿让黑于 A 位尖封,是必要的。在对子局的实战中,常见这样的走法。当白①关出后,黑❷亦关起攻白,且扩张左侧形势,走法最为扼要。如黑❷于 3 位镇,看似严厉,其实反促白 2 位关,借逃孤子而破黑边势,黑反未见有利。

所以实战黑❷关起兼攻白①,使白③不得不再关起。黑❹飞出后,尚含 B 位飞镇及 C 位侵边,与 D 位刺成为做眼手段。白棋丝毫无反攻黑棋之可能。

此图说明在黑❷的位置,为"互关兼镇必择关",亦是中盘行棋时的常识之三。

图 2－11,"已病未净不可强攻"。

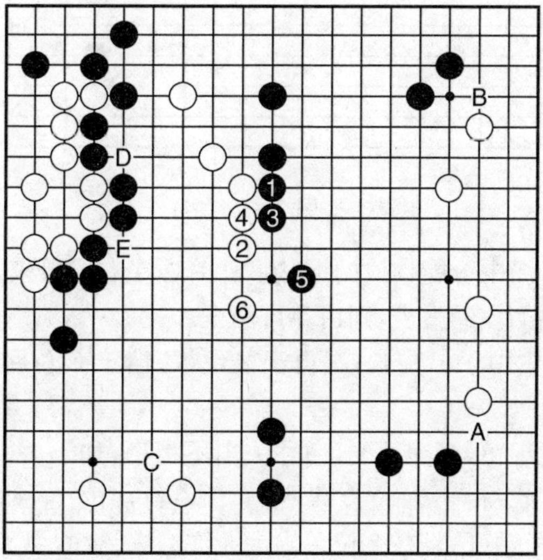

图 2-11

本图说明在中盘时,白方虽有三子较孤,但亦有伺机断黑、试图反击之可能,故黑攻白须慎重,不能贸然行事。黑❶长攻白,操之过急,迫白②关出,黑❸又长。双方走至白⑥为止,白棋出头已畅,且含有 D 位打或 E 位断的先手,黑反而不能两全,是急攻给白棋以反击的机会,黑棋不利。

所以黑❶的急攻应于 A 位或 B 位尖顶占角为大,令白三子在黑棋的围控中有不安之虑,这样可收到声东击西之效。要侵白棋,宜于 C 位觑,虽有较多变化,但仍不失为侵消的好手。

可见"已病未净不可强攻"乃常识之四。

图 2－12，"声东击西"为中盘的常识之五。

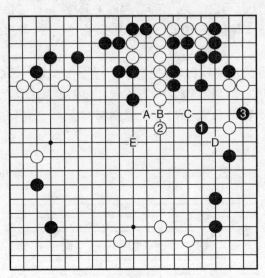

图 2－12

本图为授四子局中可能构成的形状。此时白左右成孤棋,黑如攻逼得宜,白则难于兼顾。但黑如攻逼失当,则白亦可两全。

黑如 A 位尖,则白于 B 位长,黑再于 2 位扳,白于 C 位跳,白棋左右可望联络,黑即失去攻孤意义。

实战黑❶大跳虚镇,简明扼要,白②关出不得已,如不关,而改 D 位尖出,则黑即于 2 位再镇,白只得于 A 位尖逃,黑于 E 位封,白陷苦战难于措手。黑❸点搜根好棋,白右边子遭歼,且在 2 位关出大龙亦尚未活净,黑大获便宜。

可见黑方"东敲西击"获得成功,亦即"声东击西"之说法,为常识之五。

二、治孤举例

如图 2－13,这是日本东京新闻冠军赛中坂田荣男对林海峰对局中出现的局面,现轮黑走:

中腹 A 处正在劫争。白①搭找劫,并窥伺着黑方大块。而黑方不加理睬竟走❷挺出以解除不安。白③挡时,黑方要靠治孤定胜负。当然,黑方是早已算好了治孤的方法,请看:

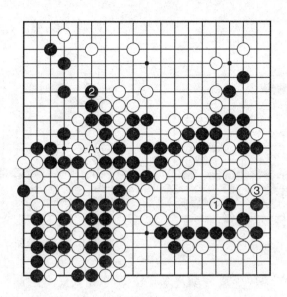

图 2-13

第 1 图 黑❶扳后再❸冲，次序好。白方只有②挡。(其他的变化留待参照图中再说)

白④时黑❺断进一手，那是和最初黑❶相关连的着法。

第 2 图 接下去白①时，黑❷打至❹立，白方即认输。这样走后黑方已确定可活。此外，黑❹改在 A 处提也可以。

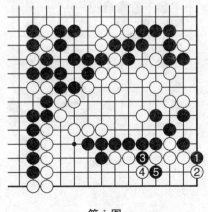

第1图

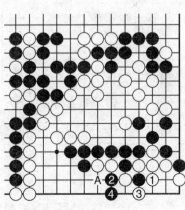

第2图

参考图 1　对黑❶断,白不能在 2 位粘,否则黑❶、❸滚打包收到❼止,对杀黑胜。

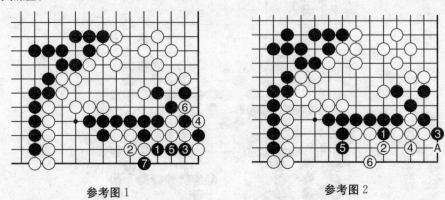

参考图1　　　　　　　　　　参考图2

参考图 2　　如果先走黑❶再来 3 位扳,虽是仅仅改变了一点次序,那就糟糕了。白方将不于 A 位挡而走④补眼求活。黑方如走❺,则白⑥做活。这块白棋一活,黑棋就会全部被歼。

参考图 3　　一开始黑❶扳时,白在 2 位应如何? 在此形中,黑❸长出,角上白棋就不能无条件活净了。此形中如作黑 A、白 B 的交换,反将使白方有眼形。黑❸后白方只有走 4 位、6 位扳立以拓宽腹地。以下接**参考图** 4:

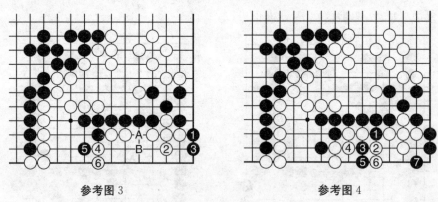

参考图3　　　　　　　　　　参考图4

参考图 4　　黑❶后,黑❸、❺的手段简明。至白⑥的应手是绝对的。这时黑❼的尖是极漂亮的棋形。白虽得活,但黑方也不会死。

参考图5 接上图,白①做活,黑❷立即活透。白如 A 撞气,则黑 B 一扑,白即自取灭亡。因而在角上顶上的一只眼是肯定的。又黑❷立后产生了在 3 位曲以仙鹤大伸腿渡过。白③阻渡,则黑❹在此又可确保一眼。

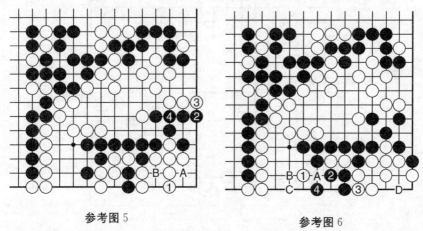

参考图5   参考图 6

白方如继续顽抗,见**参考图**6:白①破黑眼位,黑❷提清即可。其白方如走③,则黑❹的尖极好。白 A 则有 B 位搭。黑❹若轻率地走 A,则白走 4 位,黑 B,白 C,黑即死。又白③如脱先,被黑 D 一点,角即死。

参考图7 黑方要活,在 5 位立或 8 位提,虽都一样,但如在黑❶立,则白方用②以下至⑩为止的巧妙着法即可吃黑。

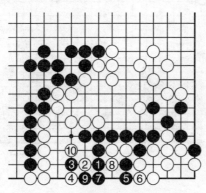

参考图 7

图2－14 取材于实战中的盘面。黑▲子尖起来攻打入的白子,白虽有种种活法,如何治理得干净利索?

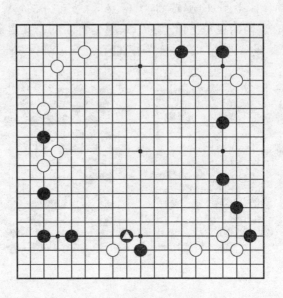

图 2-14

参考图1 首先考虑白①挺出。但在这里是不适当的。黑方定扳二子头，白③扳时，黑❹断必然。白⑤打时，黑❻还打，至白⑨扳而活。这是简单的棋形。

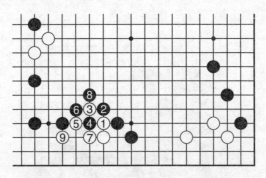

参考图1

参考图2 黑❶提，白②接，黑❸挡时白④打后再⑥断必然。白⑥如提1处的劫，被黑在A位粘，白亏。黑❼粘时，白非⑧、⑩托退以求活不可。可是在此局面白方是不希望8位托的，因黑方走❾、⓫将使右侧变厚，那时右下角黑B

70

长入顿时变得严厉了。本图白方还须走⑫、⑭确保活路,走至黑❺,黑方外势非常雄厚,白不能满意。

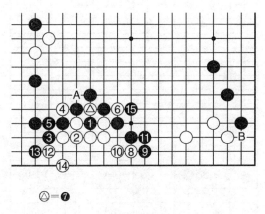

△=❼

参考图2

参考图3 白①飞如何?乍看很轻灵,但此形中黑方有❷托的常用手法。白③时黑❹断,白⑤则黑❻,仍还原到**参考图**2。白①后,除了黑❷外还有下图着法。

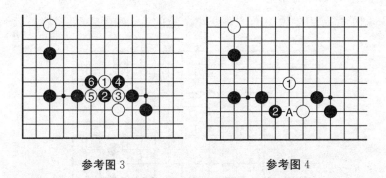

参考图3   参考图4

参考图4 黑❷尖也稳当,且是强手。其次恐将成为白A碰以向上方逃出的局面。不过在本图中就黑方立场看,说不定还是❷尖将白攻向外为稍好。

第1图 正解。此时白①、③是值得赞赏的好手。

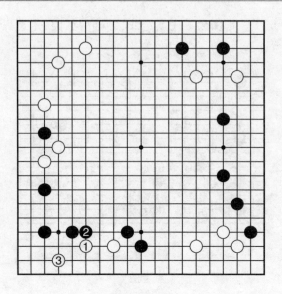

第1图

第 2 图　黑方只有 1 位搭，别无他法。白②后④、⑥定形至⑧止便已活定。这样活法是好的，它不但对于右方白棋没带来什么坏影响，而且还有伺机走 A 位以冲击黑方缺陷的希望。

在本图的过程中要说黑方还有变化余地的话，那就是 5 位挡的一手，见 **叁**

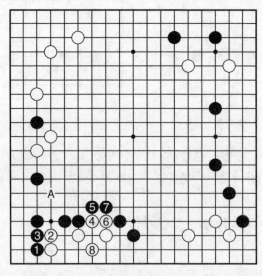

第2图

考图 5。

参考图 5 黑❶冲后❸打,多少有破掉白方眼位的意味。可是黑❼时白⑧尖好,这样反将产生白 A 的伏兵,黑不行。

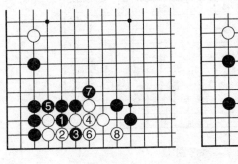

参考图 5   参考图 6

参考图 6 最初白①时黑如❷挡,则白③是好形。这样的逃法是轻松愉快的。

图 2－15 黑下边二子被分断,如何治孤?

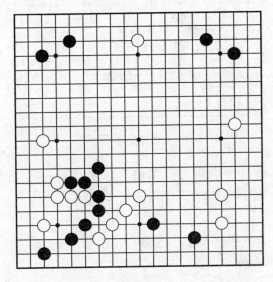

图 2－15

73

参考图 1　黑❶跳,不让白棋在上面飞镇而形成势力,这是治孤的第一步,十分巧妙。

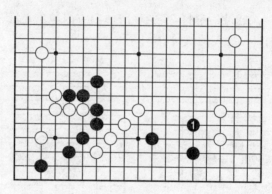

参考图1

参考图 2　接**参考图 1**。此时白②飞压,严厉! 促黑抉择。对此,黑如误走 3 位爬,被白④顶后,黑被封锁,白外势强大,对黑不利。

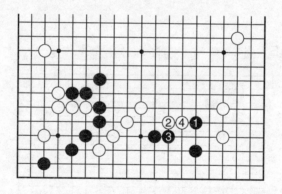

参考图2

第 1 图(正确)　对白②飞压,黑❸跳出后,于 5 位托,意在打劫。以下至白⑫虽然可提黑一子,但黑❸却是绝妙的劫材。

第 2 图　接前图白④之后,黑❶若托也是一法。白②虽可获先手,但黑❸粘、❺扳,以下至黑9,黑充分。

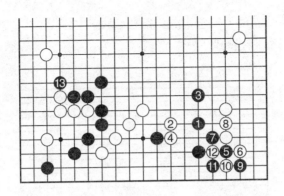

第 1 图

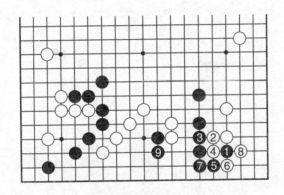

第 2 图

第 3 图 接第 2 图黑❶之后,白①、③扳立也是一法。但黑❹跳下却是手筋。以下白如 A 位挖,则是黑 B、白 C、黑 D 的局面,其中黑 D 是要点,黑成功。

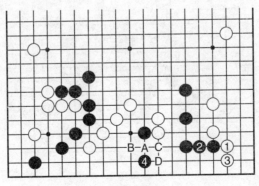

第 3 图

图 2－16　取材于教学实战。黑❶镇侵入白阵后白②尖补下边，兼攻黑❶一子，黑如何治理这颗孤子呢？此时黑有 A 位、B 位等着法，哪种走法更充分呢？

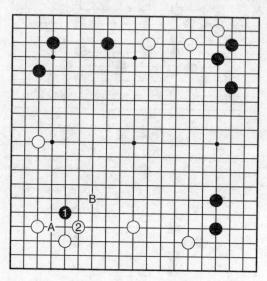

图 2-16

参考图 1　失败

黑如 1 位小飞向中央逃跑，则十分被动，被白②追击兼护左边空后，黑二子顿时变成浮棋，白棋占优势，黑失败。

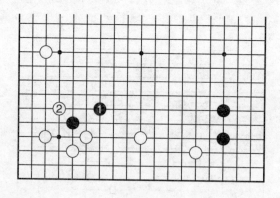

参考图 1

参考图2 正解

黑❶尖顶,手段强硬,连攻带守,方是正解。对此白②爬,坚守角地,必然。黑获先手后走3位虎,仍是先手便宜。白④被迫立下,也只能如此,黑❺向中央飞出,黑治孤成功。

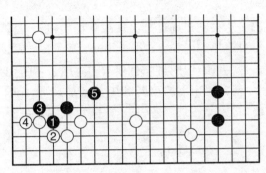

参考图2

第三章 变幻莫测的中盘战

棋到中局,再四平八稳的布局也会出现战斗场面,是一盘棋最紧张最激烈的阶段,白刃相见是不可避免的。

在布局阶段有定式可循,但中盘就有很大的不同了,并且变化的局势更加复杂。本章重点介绍一些常见棋形的攻防和中盘实战技巧,结合近期一些实战的棋例,力求深入浅出,希望能达到抛砖引玉、举一反三的效果。

第一节 攻 击

攻击的根本目的是获利。至于吃死对方之子,那只是获利的一种形式,绝非全部。攻击与杀棋是不同的两个概念。观高手对弈,没有可靠的把握是不会轻易击杀的,但通过攻击,迫使敌方就范,边攻击边围空是首选的方案。

攻击是围棋制胜的最主要的手段之一。强势一方肯定要主动出击,抓住敌方弱点攻其不备,巩固优势地位。但弱势的一方也应时刻准备反击的武器,绝不能有任人宰割的心态。围棋是智力的游戏,以少胜多、以弱胜强是其魅力所在。

一、常见棋形的攻击方法

1.搜根

> 当拆二的棋形被对方逼住后,一般是不宜脱先的,加补一手是正常分寸。否则,对方可通过搜根进行攻击。

如图 3-1 所示,黑❶透点严厉,白②挡住是正常应对,黑❸、❺连回后,白根基被夺,棋好像漂起来,成为黑继续攻击的对象。

图 3-2 也是常见的棋形。当白被左边的黑子逼住后,黑❶爬是严厉的一手,白②是失败的应手,黑❸点后白没有反击手段,至黑❼为止,白成了黑理想的靶子。白②跳起向中央出头方是正确的应手。

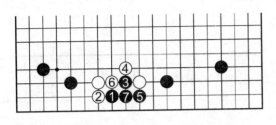

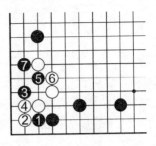

图 3－1   图 3－2

2.分断

在图 3－3 中,白拆二跳起加补了一手,看似非常牢固,但是黑仍有分断白棋的手段。黑❶点,逼白②接之后,黑❸、❺的组合拳令敌方防不胜防,至黑❼双为止,白被分开。

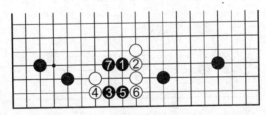

图 3－3

在图 3－4 中,白连续拆二看似坚固的阵地,但被黑❶碰入时,白已不能完全联络。白②下扳是一般应对,黑❸扳下后,无论白④从哪边打吃黑❶一个子时,白都不能两全。如图所示,白④后,须在 6 位补棋,黑❼连回后,白呈分裂状态。黑❸扭断也是一法。

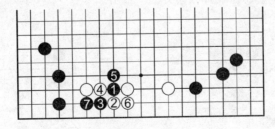

图 3－4

3. 封锁

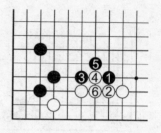

图 3-5 是星定式以后,黑方最常用的封锁方式。黑❶从天上点,白②是正常走法,黑❸盖住后,白通向中腹的道路被封锁。黑方的这一手段大多是为另一战场做的战前准备。

图 3-5

在图 3-6 中,黑❶、❸虽不能说是绝对先手,但白一旦脱先,左边的损失无疑是巨大的。白②、④是正常应接。黑❺飞攻是严厉的,白⑥靠企图出头是徒劳的,黑基本上完成了封锁。换个角度看,白即使在里面活了,把黑的外墙撞得铁厚,白也是得不偿失。

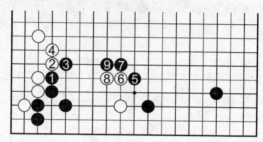

图 3-6

4. 点方

在图 3-7 中,黑❶点方占据攻击要点。白②、④是常用的腾挪手段,黑❺、❼而打之后,再走 9 位接,白⑩拐下,黑⓫拐是好棋,白⑫断打,黑⓭长出后,白被分断,呈分裂棋形。黑攻击成功。

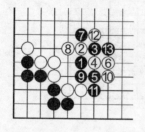

图 3-7

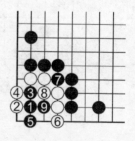

图 3-8

在 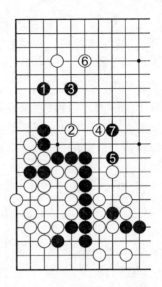 3－8 中，白棋有点像金柜角之形，但少了 7 位一个子，被黑❶点方击中要害。白②靠是最强的抵抗，黑❸时，白④必须阻渡，黑❺时，白⑥也要阻渡。黑❼挤逼白子接后，黑❾成刀把五杀白。

图 3－9 是实战例。白②点方占据攻击要点，黑❸一子两用是好棋，白④跳强化白②一个子，白⑥守角是本手，黑❼靠形成互缠的局面。白轻黑重，大局于白有利。

二、利用厚味的攻击

在 2005 年全国个人赛第六轮中，最终夺冠的陈耀烨五段执黑对阵李劼。如 图 3－10 所示，由于白右边空被破，形势明显不容乐观。白①深入黑阵过度，也是棋局使然。面对白①黑若让步，白会得寸进尺，故黑❷反击。白③看似强手，但黑依仗周围厚势继续走外面。白⑤扳时，黑❻咔嚓一断。白①、③两个子难觅活路，最终被歼。

图 3－9

●陈耀烨　五段

贴 $3\frac{3}{4}$ 子

○李　劼　五段

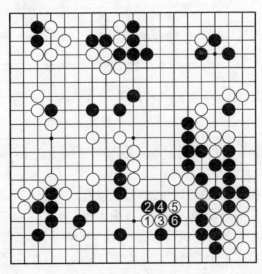

图 3－10

图 3－11是甘思阳(网名楚阳春)二段与韩国高手"我心中的神"(中文译名)的网络对局。奇高的胜率说明了"神"是当今顶尖高手,20秒一步的快节奏更扣人心弦,当时有2 000多名网友在线观看了这盘精彩的对弈。甘二段以他独创的"阳春流"(前三手占△)开局,进行至黑❶飞时,白②拆一机敏,充分体现了"神"力。黑❸继续贯彻"阳春流"的初衷,白⑥、⑧是局部好手,黑❾长冷静,是专业手法。白⑯扳角,黑⓱当然之着,至白㉔活出为止,白实空领先。黑利用厚味迫白活出的同时,外势也更加强大,抢到黑㉕,能继续进行攻击,形势并没有明显落后。战至第281手,白半目胜。

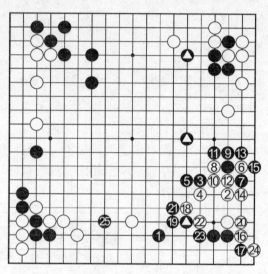

●楚阳春 二段
贴6目半
○我心中的神 二段
2006.5.18
弈城围棋网

图 3－11

三、缠绕攻击

古力七段在第十届"三星杯"本赛中执黑对韩国白洪淅,棋局如 图 7－12所示。

黑❶逼白②接后,黑❸打时机正好,上边黑大龙已有活路。黑❺深入虎穴,勇气可嘉。当白⑧冲时,黑❾是先手,黑⓫大龙成活。白由于自身气紧,冲断黑棋自撞紧气是不成立的。黑⓯夹又是强手,至黑㉓接为止,完成了对白两块棋的缠绕攻击,白㉔、㉖吃一个子连回左上大龙。黑㉗一石二鸟,既攻击白棋,又给自己留了半只眼位,黑已先手活了。黑㉙痛快地全歼了左下角白棋。

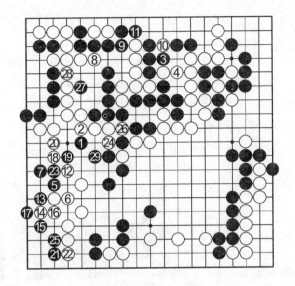

● 古 力 七段

贴 6 目半

○ 白洪淅 四段

2005.9.28

韩国大田

图 3 – 12

🔆 3 – 13 所示的是第二届"富士通杯"U15 少年职业围棋赛第九轮的对局,也是最后一盘的冠军争夺赛对局。黑❶飞攻,白②应,黑❸顶继续攻击,黑❺大飞是攻击的好点,三块白棋将被缠绕攻击。实战白⑥打吃实是无奈。黑❼压,白⑧不得不补。黑❾小飞后,进行到黑❶为止,白成劫活,胜负似乎已经决定了。

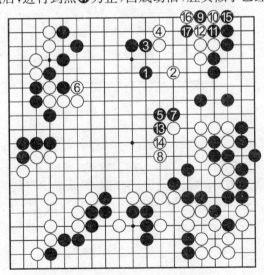

● 周睿羊 三段

贴 $3\frac{3}{4}$ 子

○ 王迦南 初段

2006.1.14

中国棋院

图 3 – 13

四、屠龙

在第十届"LG 杯"世界棋王战中，十六岁的少年棋手陈耀烨五段在 16 强中淘汰了有"世界第一人"之称的李昌镐九段，并挺进了决赛。图 3－14 是他与李昌镐的实战谱。陈耀烨走黑❶小尖，白②与黑❸交换后，白④打是败着。当白 A 黑 B 交换掉，再 5 位挡，是对黑有利的棋局，但凭石佛的后半盘功夫，陈五段想赢下此局，也不是件容易的事情。黑❺致命一击，白⑥提，黑❼猛攻大龙，白有一只眼带一个劫，虽看得见右下友军，但却无法联络。陈五段妙手绘出屠龙谱，此局也被选为 2005 年十大对局之一。

●陈耀烨　五段
贴 6 目半
○李昌镐　九段

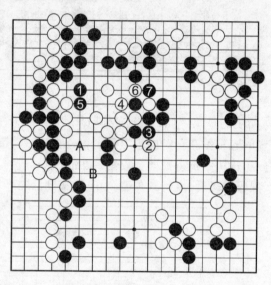

图 3－14

图 3－15 是国家围棋队训练棋，古力执黑屠王磊大龙的棋谱。黑❶扳，白②横顶，黑❸挡住。白④、⑥企图借劲。当白⑧断时，黑❾、⓯、⓱一直推下去，其中，黑⓫、⓭的次序很好。白⑱立时，黑⓲贴紧气好着，白两个子本身变弱。白⑳、㉒虽拱破边地，但黑㉑、㉓应后，白仍无两眼，古力上演了一出屠龙好戏。

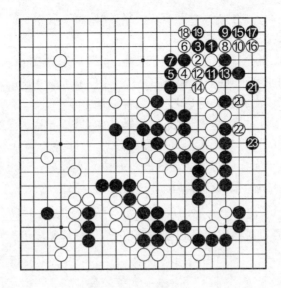

●古力 七段

贴 $3\frac{3}{4}$ 子

○王磊 八段

图 3-15

五、攻守逆转

在 2005 年围甲联赛的第八轮上,周鹤洋九段执黑胜彭荃六段是攻守逆转的代表棋例。如图 3-16 所示,白①长时,黑如 6 位活角,白有两边二路立的官

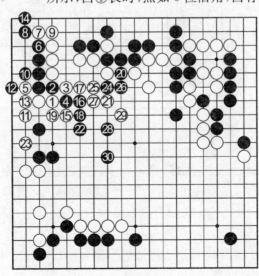

●周鹤洋 九段

贴 $3\frac{3}{4}$ 子

○彭荃 六段

图 3-16

子手段,且白㉕虎之后,中央两块黑棋该"跳舞"了。目前,黑三块不活,又没有联络的手筋,是黑方的难局。

黑❷冲寻找机会,白③挡是惯性思维,也是常用的应手。就因为这一随手棋,攻守逆转的序幕正式拉开。其实白③走4位退才是正确的,黑再冲,白再退,黑仍要回到角上,白补强外势后,仍是大优局面。

黑❹断像钢针,白厚势像轮胎,一旦被扎中,迟早要瘪。黑❻挡不可省,至黑❶活角后,黑❹的钢针并未拔出。黑⓴冲出后,白厚势的冰山要消融了。黑㉒逼白走二路渡回,黑完全取得了主动的攻势地位。实战进行到黑㉚,白①的威力荡然无存。不是铁厚的棋就会有缺陷,一旦被对方抓住,后果严重。

图3-17选自第八届中韩新人王对抗赛的实战对局。黑被断开后,白凭借全盘的厚势将对黑形成有利可图的攻击,但结果却攻击失败,被逆转。

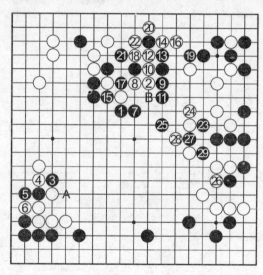

●朴永训 九段

贴 $3\frac{3}{4}$ 子

○古 力 七段

2005.5.24

安徽黄山

图 3-17

黑❶紧靠,白②小飞刺,黑③、❺试应手机敏,白⑥冲有上当的感觉,是贪小利、失大局的第一手。白⑥走A位是顾全大局的应手。黑❼走在外,白⑧走在内,黑❾冲时,白⑩当B位出头与右边白势配合,实战白⑩继续贪小利是第二疑问手。

当黑⓯打吃时,白不愿接了。进行到黑⓳为止,白右边的厚势没能发挥应有的作用。

白⓴是最严重的恶手,当在26位补强,实战中丢掉了宝贵的先手,而所得目数有限。黑㉕攻守兼备，白㉖再补时慢了一拍，黑㉗、㉙冲击，白大势已去，当初的厚势变成薄形，攻守完全逆转，最终白3目半惜败。

图 3－18选自第七届"阿含·桐山杯"中日冠军对抗赛的实战对局。古力的白①显然过分，遭到黑❷、❹、❽的强烈反击，形成了白棋被动挨打的局面。白①在2位右一路侵消才是正常的分寸。

●井山裕太　七段

贴 $3\frac{3}{4}$ 子

○古　力　七段

2006. 1. 10

海南三亚

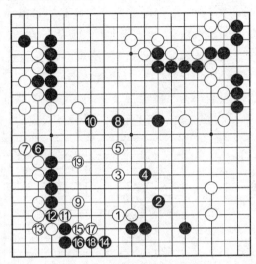

图 3－18

然而，当白⑨点时，黑❿不愿补断，而走上面直接包抄是轻率的，对白⑪断开的严厉性估计不足。实战黑委屈地从二路连回是后手，被白走到19位后攻守彻底逆转。白棋看上去已像块活棋，而黑的一道厚墙成为孤棋，单官连回家似乎是条唯一的活路。

第二节 打　入

　　　　打入是指在敌方的阵营中投下子力为我所用。序盘的打入，多数情况是为了保持局面的平衡，而中盘打入的目的就不尽相同了。

本节精选了一些近期的实战棋例，看看职业高手们是如何利用这一战术的。

一、就地做活

打入敌阵并就地做活,彻底破坏了对手的实地,犹如闯营劫寨,其成败关系重大。打入之前要慎重考虑,能进退自如是非常必要的。因此,打入的选点极其重要。

图 3-19 选自 2005 围甲联赛第二十轮海淀队主将周睿羊三段与娇子队主将曹薰铉九段的实战对局。白①的重心太靠近右侧黑的外势不好,被少年主帅周三段抓住了破绽。黑❷打入,白顿感难办,实战白③尖封,黑❹点三三试应手机敏,白⑤团是常用手段之一。当黑❻托时,白已不能两全,白⑦无奈之举,黑❽鼓出后成为理想的棋形。黑⓰扳又是与黑⓮相关联的好手,黑⓴跳次序正确,至黑㉘为止,黑活得很大,白所得有限。黑❷打入成功,全盘形势被拉近。

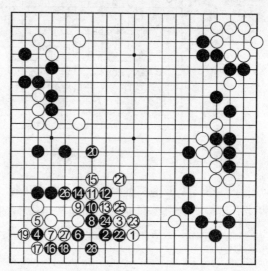

●周睿羊　三段

贴 $3\frac{3}{4}$ 子

○曹薰铉　九段

2005.12.10　重庆

图 3-19

其实,白①如图 3-20 中的选点正确,以守住角地为中心,看轻右边一子是良好的大局观。黑❷打入,白③可盖住,至⑮为止。白不仅保住了角地,棋也变厚,全局形势比较乐观。

图 3-21,选自第八届中韩新人王对抗赛第二局的实战谱。朴九段的白①飞显然不得要领,被黑❷守一手后,白③打入的效果则欠佳。黑❹当头一镇八

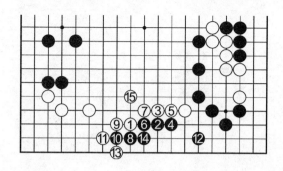

图 3-20

面威风。白⑤点，黑❻分断必然，白⑦二路扳时，黑❽拐头好次序。白⑬占三三是一眼所见的棋，至白⑰补活为止。白打入可评价为局部成功，全局太差。其中白⑰不可省，这是一道不错的角部死活题，请读者自己动手在棋盘上摆一摆。

●古　力　七段

贴 $3\frac{3}{4}$ 子

○朴永训　九段

2005.5.26　安徽黄山

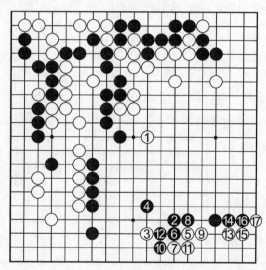

图 3-21

　　实战白①是朴九段局后表示后悔的缓手。当如图 3-22 所示，直接进入下边，黑❷一间夹攻大飞挂角一子是正常选择。白③靠压好，黑❹退不给白借劲。白⑤的"潜水艇"二路漏是对付星的佳着，至白⑨跳出，虽全局仍是黑好，但比实战图要充分多了。实战的打入有被动生硬之感。

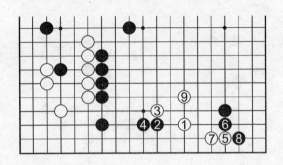

图 3-22

二、进角做劫

棋到中盘,角部的空间一般都比较狭小,直接打入成活的条件不足,但做劫的手段往往是成立的。以下两例实战充分反映了这一中盘战术的精妙。

图 3-23 是第二届"倡棋杯"决赛三番胜负第一局的实战图。当白①二路立时,孔杰意识到全盘形势已非,顽强地走了黑❷小尖,以达到扰乱棋局,浑水摸鱼的目的。白③点入角地,白⑦、⑨、⑪是行棋的好次序,黑方没有好的反击手段。白⑬是要点,至⑰为止形成劫争。白⑲是预定的劫材,当白㉑回提后,黑㉒寻劫材,白㉓果断消劫,黑角全部姓"白"了。黑㉔穿通,白小飞缔角的棋形也惨

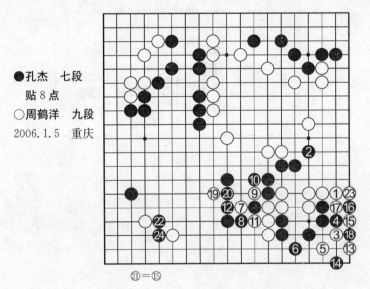

●孔杰 七段
贴8点
○周鹤洋 九段
2006.1.5 重庆

㉑=⑮

图 3-23

不忍睹。但这一转换却使棋盘变小,白离胜利的终点又前进了一程。从全局来看,只要左下白棋不全军覆没,白优势依然,然而左下角的空间太大,白活棋是符合棋理的。实战白左边确实活出一块,共弈 174 手,白不计点胜。

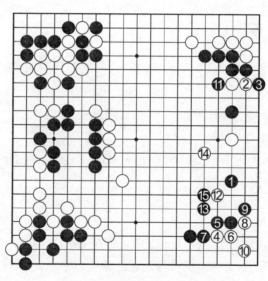　3－24 选自第十届"三星杯"第二轮比赛的对局。进行至此,是黑棋空多,但白全盘厚实,黑形势领先的局面。黑❶拆二看似无懈可击,也符合李昌镐的一贯棋风,但古力却发现了对方的软肋,白②与黑❸先交换掉是准备工作,白④点角严厉,黑❺挡三三不成立(详见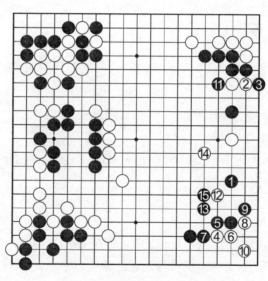7－25 的变化)。实战黑❺挡在外边,白⑥挡三三后便有了至白⑩的劫活棋形。由于全盘白厚,劫材有利,故黑⓫不直接打劫而走上边补棋,等待打劫的时机。白⑫是华而不实的恶手,帮黑补棋。白⑫应走 13 位下一路切断作战,成为于白有利的战斗场面。白⑭打入成劫活后,已是白棋有望的局面。

●李昌镐　九段
贴 6 目半
○古力　七段
2005. 9. 30　韩国大田

图 3－24

　3－25 中,黑❶挡角是不成立的,白②从天上点好棋,黑❸并防住了下面白一子的出动,但上边就出棋了。白④打后,再 6 位冲,当白⑧挺头,并 10 位盖头的时候,黑⓫、⓱的顶断成了可以说是唯一的选择。但白⑫、⑭两着巧妙,至白⑳为止形成劫争是必然的。此劫黑重白轻,且黑劫材不利,如此将是黑棋的难局。

三、攻击性打入

打入不是直接争夺实地,而是为了分断敌方的联络,配合己方的进攻。这种攻击性质的打入也是克敌制胜的有力武器。

🔷3－26是第七届"阿含·桐山杯"决赛的对局片段。当时的局势是白棋有利,但胜负尚早。可能是上边一战邱峻七段吃亏不小,当白③小尖时,黑走出了4位碰的败着,按对局者古力的说法,白⑤虎时,棋局已经结束了。不过,还是来看看古力的精彩表演。黑❻、❽先手后,黑❿挡住不像专业棋手的棋,被当时观战的国手叫做丧失理智的一手。黑自顾不暇,哪还有能力威胁对方,黑❿走11位跳似乎是唯一的选择。

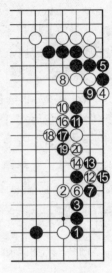

图 3－25

●邱峻　七段

贴 $3\frac{3}{4}$ 子

○古力　七段

2005.11.22　杭州

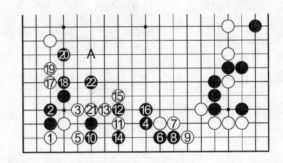

图 3－26

白⑪打入严厉,不得已,黑使用⑫、⑭的苦肉计。但当白⑮打时,黑仍不能脱先是痛苦的。否则,黑被压缩在二路委屈求活。那样的话,棋局也就结束了,其变化见🔷3－27所示。黑⑯挺头实属无奈之举,白⑰占得攻击要点,黑踏上了单方逃孤的死亡之旅。实战白棋先手定形下边后,从 A 位攻过来,最终生擒了黑大龙。

白①打时,黑若抢走 2 位的小飞,则白③顶是好棋,至白⑨贴时,黑下边仍要补活。黑❷飞是安乐死,不可取。

🔷3－28来自第十一届"NEC 杯"决赛第一局的实战。当黑❶跳向中腹时,白②打入的攻击性色彩非常浓烈。黑❸二路托试应手是好时机,实战白④

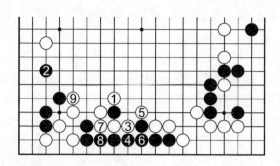

图 3－27

扣,黑有 A 位夹的手段,对黑棋的联络很有帮助。黑❺镇头,以攻为守,白⑥大跳太缓,被黑❼、❾二路扳粘后,不仅实利大,同时也间接地破坏了白②打入的攻击性,因为左边白棋变弱了。白⑩先手刺后,白⑫大跳进入中腹。黑⓭抢先发难,以攻为守。白⑭靠大有搅乱局势的用意,不过被黑⓱断开后,白苦战。至黑㉓为止,黑收获颇丰。白㉔点,黑只要应对无误,白两线作战是十分不利的。白②的打入意在攻击,但由于后续手段不济,反而使自己背上了包袱。所以,不管把哪一种战术应用于实战,胸中一定要有个通盘的考虑。

●古　力　七段

贴 $3\frac{3}{4}$ 子

○刘世振　六段

2006.1.14　广州

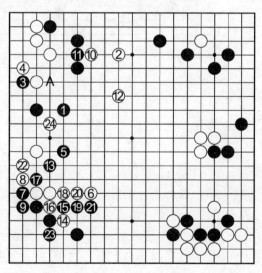

图 3－28

　❸ 3－29 是罗洗河九段勇夺"三星杯"世界冠军的八强战对局。白②打入以攻为守,兼顾右边白棋,同时也使上边行棋的价值变小,从而形成黑空不足

的局面。白②一般的选点是 A 位拆边占大场,但黑 B 拦后,白再打入就无理了,黑右边成大空后,局面趋于漫长。李世石在走 3、5 位攻击无果时,又回到了黑❼、❾的实地上。这是韩国棋手在劣势下惯用的实战策略,先在目数上咬住对方再说。至白⑭为止,右下白棋变强,上边价值变小,左边黑大龙成了白的攻击目标,白②的打入取得了非常满意的成果。

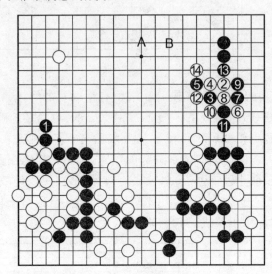

●李世石 九段

贴 6 目半

○罗洗河 九段

2005.11.15

韩国三星研修院

图 3-29

四、项庄舞剑

打入并起到引征作用本不稀奇,但若能逃过职业高手的眼睛就稀奇了。在 2005 年围甲联赛的第九轮中,亟待翻身的重庆队与志夺第一的咳速停队相碰,其中,古力与李世石的主将之战更引人注目。如图 3-30 所示,白①打入充分反映出李世石"鬼得很"。看似正常的打入,但醉翁之意不在酒。黑❷上当,当白③点时,古力才发现了白①引征的真实意图。变化至白⑨,黑❿只好补棋,白⑪贴时,黑还要走 12 位做活,白①打入引征大获成功。黑⓰拆二很大,白占尽左边的便宜后,又走到 17 位的镇来腾挪白①打入之子,白一点损失也没有。

关于黑❷的扎钉,马晓春认为黑 A 是形,也有先手意味,即使不考虑引征的因素,有黑 A 了,黑❷的感觉就不对了。黑❷如走 B 位镇或 C 位罩的变化也很复杂。常昊则认为黑❷当 4 位贴,白 B 位跳,黑 C 位刺后,走 A 位跳,是黑棋好下的局面。

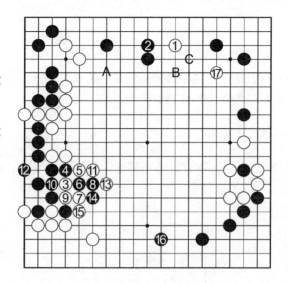

●古　力　七段

贴 $3\frac{3}{4}$ 子

○李世石　九段

图 3 - 30

如果没有白①的引征,白③点是不成立的,其变化如图 3 - 31 所示。实战的黑❿可不补,而走 8 位断打,黑❿冲,黑⓬打吃后,黑⓮征吃掉白的棋筋。请与实战图详细对比分析一下,体会两种下法的差别有多大。

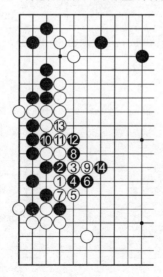

图 3 - 31

第三节　腾　挪

围棋的腾挪手法很多,但棋形轻灵,攻守弃取选择余地大是其共同特点。应用腾挪战术可以达到摆脱对方牵制的作用。

一、常见的腾挪棋形

如图 3－32 所示,黑❶碰是腾挪时最常用的手段之一,意在先手防断,争到 4 位尖的出头。白②扳是普通应法。这样,4 位和 5 位两个好点,黑必得其一。

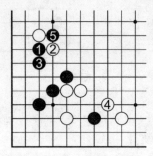

图 3－32

如图 3－33 所示,黑❶长,白②扳强手,黑❸搭是腾挪好手,白④若跟着应,黑❺虎出,头已走畅。

如图 3－34 所示,黑❶碰是腾挪手筋,白②长常见,黑❸打是关键,黑❺穿出后,白是分裂之形,黑不仅腾挪成功,且实现了攻守逆转。

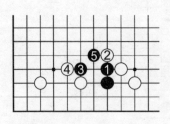

图 3－33

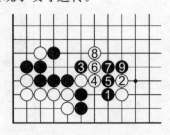

图 3－34

如 **图** 3－35 所示,黑❶打是必然之着,黑❸托是相关联的腾挪妙手,白④不得不补,黑❺扳起,黑棋形生动。

如 **图** 3－36 所示,黑❶托试应手正当时,白②外扳,则黑❸、❺成活。白②若内扳,由于黑 A 是先手,黑从 4 位挡成立。

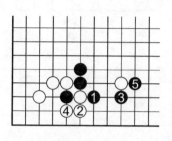

图 3－35

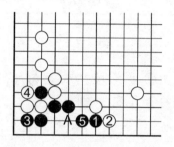

图 3－36

如 **图** 3－37 所示,黑❶碰可成功腾挪,白②打吃是正常应对,黑❸长一头好,至黑❼征吃一子,黑方可满意。当然,黑❶碰之前要看好征子关系。

如 **图** 3－38 所示,黑❶、❸靠断是常用的整形手段。黑❺先手打后,黑已成理想棋形,可免受被攻的痛苦。

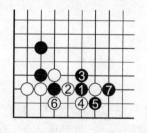

图 3－37

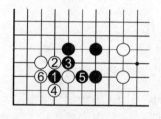

图 3－38

如 **图** 3－39 所示,黑❶内靠正确,黑❸断可弃子整形,至黑❼打为止,黑获得了安定之形。

如 **图** 3－40 所示,黑❶尖、❸虎是腾挪的好手段。白④补正确,有了黑❺的打,黑可轻松走畅。白④若用强,则黑有击溃白的手段,其变化见 **图** 3－41。

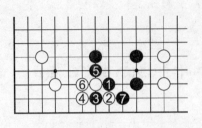

图 3-39

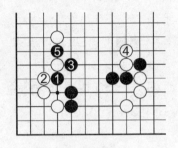

图 3-40

如 图 3-41 所示,黑❺可利用征子的手段。当黑走到关键的 11 位时,白不能两全,呈崩溃之形。

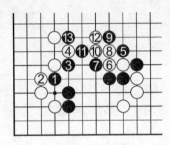

图 3-41

二、实战中的精彩腾挪

图 3-42 选自日本第三十届棋圣战七番棋第一局的实战。白①飞攻是来自教科书上的一手,黑❷靠压后,走 4 位的虎,至黑❽退之后,白⑨不能不走,否则黑夹击,将导致白棋的苦战。黑❿征掉一子后,基本上摆脱了被白攻击的局面。白⑪引征,黑⓬强行抵抗。白常见的引征手段见 图 3-43。由于引征的效果不够强烈,白⑬脱先抢占下边的要点,但被黑⓮一飞,似乎白不该脱离右上角争夺的主战场,白⑮断将战火烧到了下边半盘。纵观黑❷、❹、❻、❽四手,虽不惊天动地,却是此际的佳着,一举扭转了被攻挨打的局面。

在 图 3-43 中,白①从天上点是常用的手段。当白③顶时,黑❹立下是强手。白⑤扳头引征时,黑❻可提吃征子。白没有严厉的下一手。

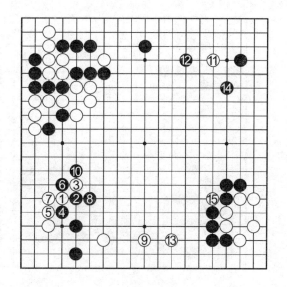

●山下敬吾　九段
（挑战者）
贴 6 目半
○羽根直树　九段
（棋圣）
2006.1.15～16
德国柏林

图 3 - 42

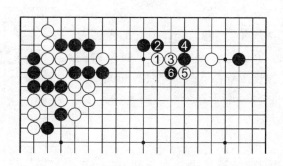

图 3 - 43

图 3 - 44 是 图 3 - 42 的继续。由于黑在上边多走了 ▲ 两手，于是才有了下边黑棋两处精彩的腾挪实战片段。黑❶碰好棋，白即使 5 位长，黑下一手仍可枷吃白断黑一个子的棋筋。白②压反击，黑❸扳有力，白④跳是形，黑❺、白⑥各占要点。黑❼打时，白⑧不可省。黑❾至❶一直朝前推，手法虽俗，可白也没有更好的反击手段。白⑱立下是有计谋的一手，黑若 24 位立下则上当，其变化见 图 7 - 45 所示。黑⑲靠是形之要点，白⑳补，黑便 21 位扳，白㉔落了后手，黑㉕又抢到了顶的好棋，黑没有不满意的理由。白㉖压顺势整形，黑㉗接是肯定的。从黑❶的碰开始，到黑㉗的接，黑被断的两边腾挪有方，是不可多得的精彩

99

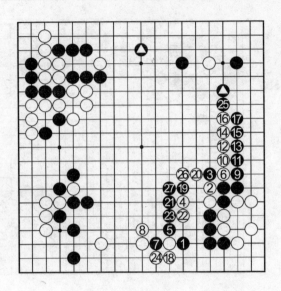

图 3 - 44

战例。

如 图 3 - 45 所示，黑❶若挡，则白②、④通过弃子连接变强后，可抢走⑥、⑧的好点。对黑❾的断，白⑩打后，白⑫长出作战，是白有利的局面。如果没有白②、④的交换，由于白征吃不掉黑❾一子，白作战的把握不大。

图 3 - 46 是罗洗河九段勇夺第十届"三星杯"世界冠军第一轮对赵汉乘八段的实战对局。黑❶走A位的碰或B位的托是常用的腾挪手段，可罗九段却走黑❶高高飞起，白②拆一搜根，黑❸靠，白④扳时，黑❺夹巧妙。白⑥打吃，则黑❼反打必然，至黑❸为止。白行棋效率太低，而黑方则像一堵外势的厚墙，黑腾挪成功。

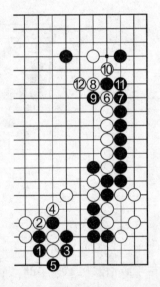

图 3 - 45

●罗洗河　九段
　贴 6 目半
○赵汉乘　八段
2005. 9. 28　韩国大田

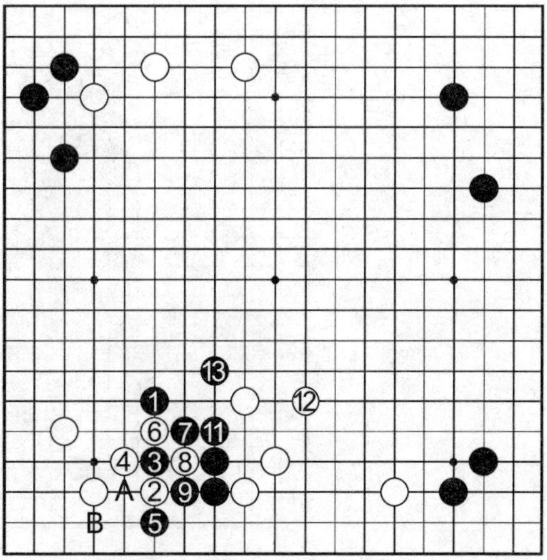

⑩＝❸

图 3－46

第四节　侵　　消

> 侵消是指一方在不损害自己大局的前提下，利用尖冲、飞、镇、轻吊等手段，压缩对方的势力或地域的一种中盘战术。

一、尖冲

尖冲用于侵消对方模样是常用的手段之一，特点是紧凑，但容易受到对方的反击。图 3－47 是 2004 年“商业杯”国际城市邀请赛的实战对局。白①尖冲思路清晰，把黑压低的同时，也强化中央白龙，白牢牢把握优势。黑❷反尖冲是形势不利时的强行反击，有点无理。白③顺手一压，再走 5 位刺，黑❻、❽使白的右边彻底的强化了。白⑨跳回，黑❿也补，白⑪长，黑⓬拐，各自补厚。白⑬之后，黑已回天无力了。白①尖冲是实战中出现的不可多得的好点。

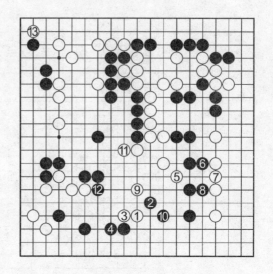

●朴正均 七段

贴 $3\frac{3}{4}$ 子

○周叶蕾 六段

2004.11 浙江杭州

图 3-47

🔲 3-48选自第十一届"NEC 杯"第八场比赛的实战对局。刘世振六段走白①尖冲侵消黑势,有过于深入之嫌,这只能理解为白方的斗志旺盛。黑❷还是老实地应了,白③大跳是看轻了白①一子。黑❹尖冲攻击拆二是现代围棋观念的走法。黑先手封住右边后,走 16 位镇头有力,黑的意图是整体攻击。白不

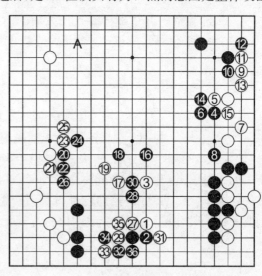

●常昊 九段

贴 $3\frac{3}{4}$ 子

○刘世振 六段

2005.11.19 广西南宁

图 3-48

慌不忙地走⑰、⑲。黑❷⓪、❷❷是为攻击而付出实地的代价,且放着 A 位巨大的大场不走,这与常九段的棋风不符。白㉗压时,黑❷❽点,继续攻击。白㉙、㉛扳头虽好形,但黑有左边厚势接应,至黑❸❻为止,当初尖冲的侵消变成了一场中腹大战。

二、小飞

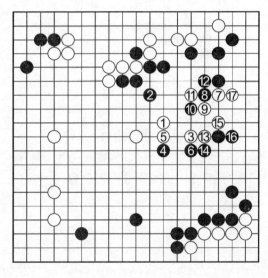 3－49是第十八届"富士通杯"八强赛中的实战对局。古力七段用三连星开局,在右边形成了大模样。宋泰坤九段白①小飞侵消,黑❷虎断消极,当在右边围住。白③镇头生动有力,黑❹点,白⑤就顶住。接着白⑦的碰又是好手,黑虽有连扳的强手,但边地还是被破了,形势也因此直转急下,白侵消大获成功。

●古 力 七段
贴 6 目半
○宋泰坤 九段
2005.6.4
韩国汉城

图 3－49

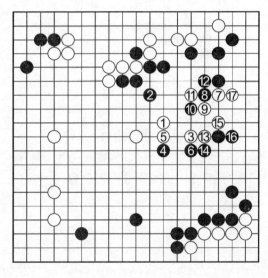 3－50是日本第三十期名人战七番棋第四局的实战片断。黑❶占白棋小飞的好点是不错的,白②脱先是缓手,或许是没有好应手的原因。黑❶尖冲至白⑥的定形是普通的,如 3－51所示,但不如实战黑棋生动。黑❸小尖后变强,白没有了直接的应手,白④走实地,但中央的控制权为黑所有了。黑❺、❼、❾靠断后,白⑩与黑⓫的交换是被迫的,为得到白⑯的打二子头。黑⓳分断后,白㉒是苦肉计的挖,如直接爬 24 位,黑可扳下。白㉔后手爬过后,黑㉕也逃出了重要的两子。黑❶、❸两个子对白右边和中央之子构成很大威胁,黑的侵消

使白颇为头痛。

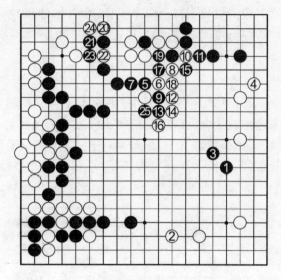

●小林觉 九段
贴6目半
○张 栩 九段
2005.10.11~12
日本名古屋

图 3-50

　图 3-51中，黑❶尖冲是常见的，白走到4位飞起和6位拆一的形比实战棋形生动，而黑方则是实战的棋形生动。两图相比较，更觉实战黑❶的手段更好。

三、轻吊

　图 3-52是第十八届"富士通杯"八强之战的一盘实战对局。针对白棋左边的大模样，黑❶轻吊浅侵白模样是一着好棋。黑想在中腹形成一定的势力与右边呼应，以形成巨空。白②靠住，黑❸扳，逼白④退让。白④若扭断，其结果不佳，详见

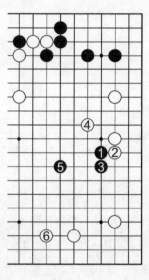

图 3-51

　图 3-53所示。黑❺至白⑫在下边定形，由于有了白⑧，左下角黑棋由劫活变成净死。黑⓭又转到了上边，其中白⑯的肩冲是好棋，至白㉖拐头的变化，黑棋走厚，但白棋也得到加强。黑㉗是必然的一手，白㉘、㉚后手补活。黑虽先手在握，但整盘形势似不容乐观，黑❶的好手遭到了白⑯的冲击。

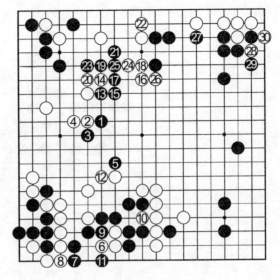

●王　檄　五段
贴6目半
○刘昌赫　九段
2005.6.4　韩国汉城

图 3－52

如 ⊛ 3－53 所示,白④若扭断,黑有❺、❼、❾的转身之法,变化至黑⓯为止。黑在左边形成了大空,白中腹的强棋没有大的用武之地。因此,白④的扭断效果欠佳。

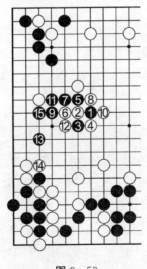

图 3－53

⊛ 3－54 是第七届"阿含·桐山杯"的决赛对局。白①轻吊试黑应手是敌强我弱局面下的好棋,实战黑❷扳角是快棋比赛打将的恶果,此时白角见小,正常应接如图 3－55 所示。白③冲出后形成混战,黑❿在 7 位左一路提吃白四个子。白⑪打是次序,否则黑㉒打后,白⑪就成官子了。

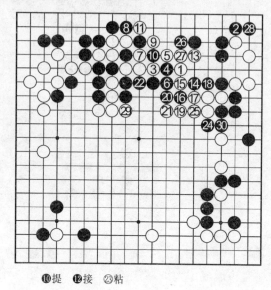

●邱　峻 七段

　贴 3 $\frac{3}{4}$ 子

○古　力 七段

2005.11.22 浙江杭州

❿提　⓬接　㉓粘

图 3－54

黑⓬接是快棋下难以选择的选择,其结果不如脱先走 18 位,这样,24 和 28 两点必得其一。白⑬虎,黑⓮穿断必然。白⑲打后,黑中腹一队人马只能靠打劫跑出,但黑劫材不利,黑㉔、㉖便宜两下之后,放弃中腹。黑㉘吃角,白㉙补净,黑㉚接不仅目数大,还关系厚薄,一般不可省略。白①的轻吊取得相当成果,是白棋有望的局面。

如图 3－55 所示,白①轻吊时,黑❷补一手是正常的。白③先手定形左下角之后,再走⑮、⑰和⑲吃住右边三个黑子,这一变化是双方正常的应接。

关于中腹黑棋的死活,图 3－56 的变化是非常有趣的。黑❶尖,白②靠住,黑❸顶是局部的强手,白④挡必然,黑❺断逼白走⑥、⑧长气后,黑❾、⓫、⓭在中腹拔两子开花。若在序盘阶段,这两朵花可谓价值连城,但现在仅是一块眼位不全的孤棋,其结果不如实战。

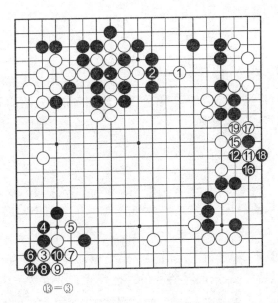

图 3 - 55

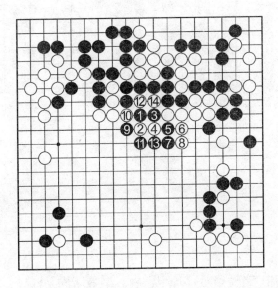

图 3 - 56

第五节 转 换

转换在实战中的应用非常普遍,甚至一局棋中运用数次。转换有地与地的转换、地与势的转换和势与势的转换等多种类型。本节介绍的都是一些近年来在重大赛事中出现的精彩棋例。

一、必然的转换

图 3-57 是第四届"CSK 杯"团体赛第三轮中的对局,双方的形势一直咬得很紧。古力七段黑❶顶,要求在上边出棋,白②挖意图抢先防止黑切断白的连接,其变化见 图 3-58 所示,黑在左边应不好了,当然脱先走上边。白⑥、⑧收获不小,但黑❺、❼、❾也将左上白角变成黑地,虽落后手,实利相当可观。白②已损在前,当黑❺尖时,白的转换是必然的了,其结果是大致两分。

●古力 七段
贴 6 目半
○李世石 九段
2005.5.3
韩国汉城

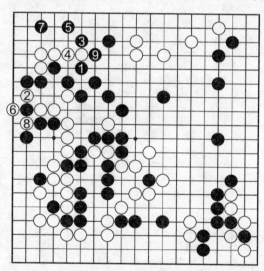

图 3-57

图 3-58 中,当黑❶时,白②若补角,黑❸断成立,白④、⑥、⑧虽提吃两子,但黑❾一路打可连回,白尾巴被割。实战中黑❸走 8 位忍耐就被白棋便宜了,古力自己说他下不出手。

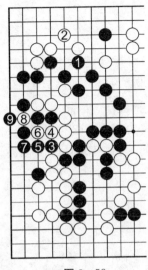

图 3-58

二、得失相当的转换

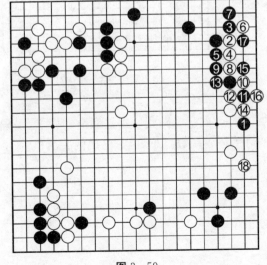3-59 是韩国第四十八届国手战决赛的第一局实战谱。黑❶点搜根攻击白的拆二,白②靠打入角地寻求转身是很好的设想。黑❸扳必然,注意白④、⑥的次序不要走错了。黑⓫连扳是手筋,至白⑱的结果,双方形成了转换,得失难说。

●崔哲瀚　九段
（国手）
贴 6 目半
○李昌镐　九段
（挑战者）
2005.1.10
韩国棋院

图 3-59

三、无奈的转换

　　图 3－60 是第二届"丰田杯"世界王座战决赛第三局的实战谱。白①继续冲是失着,当在 2 位接就地做活,白可满意。黑❷断严厉,白⑤是白①错误的继续,此时的正确着法还应就地成活,如**图** 3－61 所示。虽然委屈,也强于实战。黑❻扳非常大。白⑨也是失着,当 12 位扳争先,抢占下边的大场。实战白⑬至㉑的变化白方是无可奈何的,其结果是白所得甚少,而黑所得甚多,是黑棋有利的转换,黑形势大优。

●常昊　九段

贴 6 目半

○李世石　九段

2005.1.8　日本东京

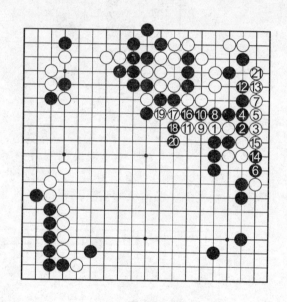

图 3－60

　　如**图** 3－61 所示,白①二路爬一手是做活的好棋,黑❷扳当然,白③退是关键,也是做眼的好手段。黑❹挡下,白⑤已成两眼活棋。

四、胜利的转换

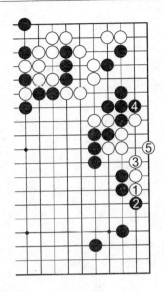

　　图 3－62 是第三十九届韩国王位战五番棋决赛第二局的实战谱。黑成功渗透下边白空后，走1位虎收兵。白②扳角想先手便宜，黑❸、❺、❼先手交换后，黑❾靠严厉。白若要从中央连回左边白子，上边白五个子将无疾而终。实战白⑩选择转换，黑从而确立了明显的优势。黑⓯挡是在利用打二还一的手段连回尾巴，白只得推枰认负。因此，黑的转换是胜利的转换，盘上没有争胜负的地方了。

图 3－61

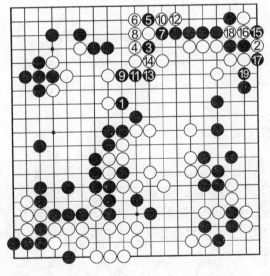

●李昌镐　九段
贴6目半
○玉得真　二段
2005.6.20
韩国昌德宫

图 3－62

五、弃子转换

　　图 3－63 是来自第十九届名人战四强的对局。黑❶托，白②反击引发激

战。其中,白⑯夹取角是正确的选择。至黑㉓断为止,形成了第一阶段的转换。白㉖飞有点想当然,黑㉗立下搜刮官手巧妙,白㉘反击!当白㉚断时,黑㉛单粘是得意的。由于没有合适的劫材,白㉜只好退让,至黑㉝断吃两子为止,白以牺牲两子为代价,换来了对黑㉑一队黑子的攻击。黑白双方斗智斗勇,真可谓两大天才少年。

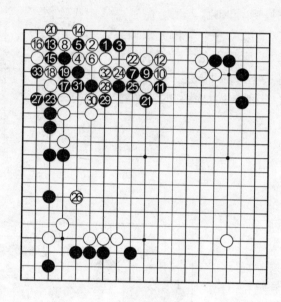

●周睿羊　三段

贴 $3\frac{3}{4}$ 子

○王吴洋　四段

2006.6.29　中国棋院

图 3-63

六、百目大转换

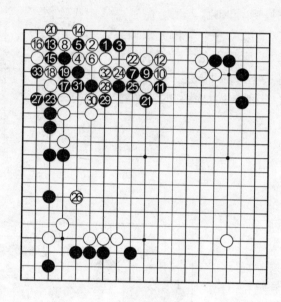 3-64 选自第二十届天元战八强之战的对局。新科世界冠军罗洗河的黑❶是"零用时",但实现了难得一见的百目大转换。白②长必然,左边的黑大龙成了独眼龙。本来左边大龙一手可补活,但白必然"拔花",罗九段宁肯大龙被杀,也不能被中央开花。黑❸接延气是弃子手段,其中,白④挡正确,若脱先则出棋,详见 3-65 所示。黑⑮断是手筋,至黑㉙并成一条道。黑仅围死右边的白棋,仍抵不过左边的损失。黑必须利用左边黑龙的八口气(注意,不是七口气),最大限度地攻击白棋,在白棋的周围走出目数来。

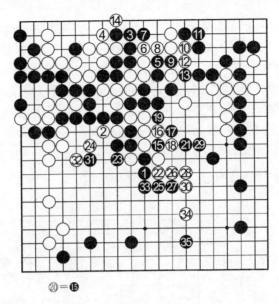

● 罗洗河 九段

贴 $3\frac{3}{4}$ 子

○ 丁伟 八段

2006.1.24 中国棋院

⑳＝⑮

图 3－64

图 3－65 中的白②是不成立的。黑③走二一路小尖是妙手,白④破眼,黑⑤、⑦、⑨从内部动手,至⑬为止,成打劫。因黑大龙有自身的劫材,黑将死而复生。

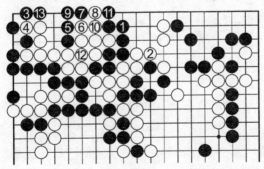

图 3－65

七、转换来去一局棋

棋圣聂卫平善于转换、敢于转换是基于他高超的棋艺。2004 年"农心杯"选拔赛上,他对刘小光九段的一局棋具有典型的代表性。棋局中每一次的转换都使黑棋的优势更加稳固。

　　棋局进行到 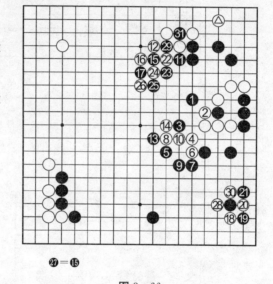3－66时,△二路小飞抢空是过分的,正常当1位跳补,黑在角上虎。黑❶、❸、❺攻击有力,相当于右上黑的角地转换成了中腹的势力,掌握着全局的主动权。黑⓱扳态度强硬,白⓲、⓴是造大劫材的手段。黑㉕打时,白㉖的断是有气魄的一手,黑㉗提劫必然。当白㉘打时,黑㉙接着拔,白㉚在黑的大模样里拔花在实战中是少见的。更少见的是黑㉛把白拔成了"蜂窝煤"。其结果是黑目数稍亏,但形成了攻击白大龙的有利形势。这次惊天大转换并没有达到棋局的高潮,更具戏剧性的是十几手过后,上边的黑棋"蜂窝煤"竟又变成了白棋的"蜂窝煤",详见 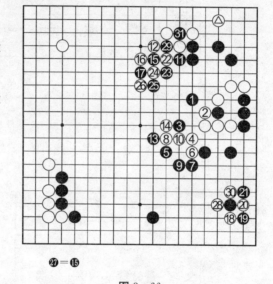3－67所示。

●聂卫平　九段

贴 $3\frac{3}{4}$ 子

○刘小光　九段

㉗＝⑮

图 3－66

　　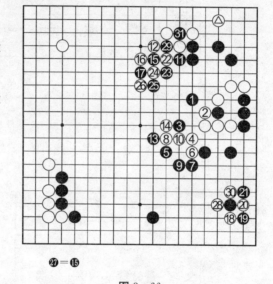3－67,白①断求乱,终于有了白⑦打的时机。黑⑩既走强了自身,又吃住了白的大龙,同时还威胁白的一朵花,白⑨、⑪、⑬三手连拔舒服至极,但黑棋却结束了白大龙的性命。戏剧性的转换并没有结束,黑基于全局的考虑,后来又把这条白大龙放生了。

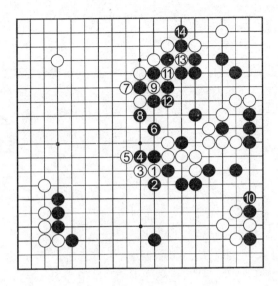

图 3 - 67

第六节 打 劫

　　围棋中出现劫争的场面是非常刺激的,尤其在中盘阶段,打劫往往与攻击、腾挪、转换等多种战术相组合,是每个棋手必须面对的课题。不论是挑劫,还是应劫,首先要分清劫的种类和轻重,运用机智灵活的战略战术,力争在打劫中取得相应的补偿或争取局面的主动。

> 　　对弈中常出现的劫有紧气劫、缓气劫、连环劫、万年劫和长生劫,其中万年劫和长生劫的出现频率较低。中盘的劫争是极其富有挑战性的,其成败的后果往往是重新洗牌。整个劫争过程需要进行精确的计算,判断全盘或局部的得失,同时还要顾及临场的灵感。面对劫争,如果不能做到胸有成竹,那就会担忧和盲目。下手怕打劫是一种普遍的现象,其原因就在于劫争的复杂性。

　　通过学习本节高手实战中打劫的经历,可提高劫争的综合能力,从容直面打劫。

一、借劫转换

> 　　打劫是围棋中特有的现象。任何一方要想打赢劫必须要连走两手（即消劫），所以劫败的一方可在它处连走两手而获得补偿，这样就有了使局面重新洗牌的效果。由于劫材的关系，这种转换可能是均等的，也可能是差别很大的。

　　图3－68是日本第六十届本因坊战七番胜负第二局的实战。黑❶飞占据要点，白②稍有疑问，因为有了二路的小尖，白②的价值缩水，在9位飞补棋可行。实战黑❼压有力，黑⓫打时，白⓬以劫抵抗是白⑧扳时设计好的。黑⓭提劫，白⑭的劫材舒服，白⑯提劫。黑⓱挖继续寻劫，白⑱应，黑⓳又回提。白⑳的靠是寻劫时的常用手段，黑㉑应，白㉒又回提，反复争劫。黑一时没有恰当的劫材，又不肯找损劫，故走㉓顽抗。当白㉔打时，双方在这一局部都多走了一手棋，劫争的价值增大。黑㉕提劫，白㉖二路扳，黑㉗粘劫消除了劫争，白㉘获得了在左上角连下两手的机会。这一劫争的结果是黑角损失，但白棋形破碎，相比之下，白损失更大，是黑棋得利的转换。

●高尾绅路　八段
　（挑战者）
贴6目半
○张　栩　九段
　（本因坊）
2005.5.26～27
日本鸟取

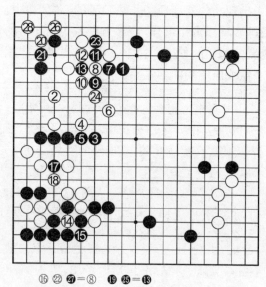

⓰ ㉒ ㉗＝⑧　　⓳ ㉕＝⓭

图3－68

图 3－69 来自中韩围棋擂台赛首场的先锋对局。黑❶提吃，白②打充分利用了白的余味，以下形成了白有利的劫争局面。白⑥、⑧迫使黑棋屈服后，强行走 10 位接，黑⑬扑劫前先走 22 位长，局面将更为混乱。实战直接扑劫的结果大损，白在劫争中抓住了战机。黑⑮断寻劫材，白⑯必应，黑⑰提劫。白⑱寻劫有意思，还留有官子的便宜，白⑳提劫。黑㉑打时，白㉒滚打好棋，当白㉔继续打吃时，黑㉕放弃了抵抗，提吃两颗白子活角，但白㉖并非粘劫而是提吃四子来消劫，黑挑劫失败。从本图中可以看出，即使是职业高手，对于劫争的变化也不能做到尽善尽美。

●朴文尧　四段
贴 6 目半
○李世石　九段
2006.2.6
韩国江原道

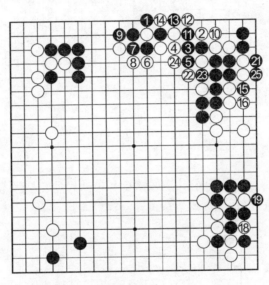

⑰＝⑬ ⑳＝⑭ ㉖提四子

图 3－69

二、万劫不应

图 3－70 中的劫争实战例是中韩围棋擂台赛第三局上演的好戏，结果黑劫被打爆。黑❶冲不好，当直接在 17 位做劫，依靠 1 位冲的自身劫材争取打赢劫。白②挡，黑❸断打，以下进行到白⑩拐似乎是没有可商量的。黑⓫提满怀信心，但黑方看漏了白⑱扑的劫材，白⑳提劫后黑㉑是盘面上最狠的劫材。但白肯定是万劫不应，闭着眼睛也要把劫消了。在这个局部，黑至少损了有两手棋。陈五段取得了二连胜的战绩。

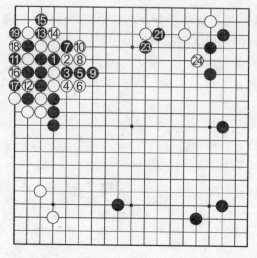

●洪性志　四段

贴 6 目半

○陈耀烨　五段

2006.2.8

韩国江原道

⑳＝⑯　㉒消劫

图 3－70

三、天下大劫

图 3－71同样来自中韩围棋擂台赛第四局的实战。不过,这出好戏的主角变成了安祚永九段,陈耀烨五段冲击三连胜未果。

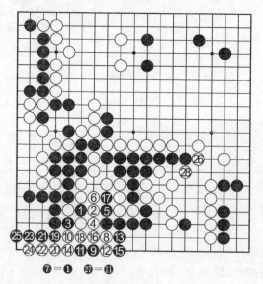

●陈耀烨　五段

贴 6 目半

○安祚永　九段

2006.2.9

韩国江原道

⑦＝❶　㉗＝⓫

图 3－71

　　黑❶扑是撞紧白气的手段,黑❸打时,白④团住正确。黑❺冲,白⑥接,黑❼提劫。白⑧扳时,黑❾、⓫使出了实战中难得一见的"黄莺扑蝶"的紧气手筋。黑⓱、⓳继续紧气,白⓴、㉒、㉔是官子的便宜,白㉖收外气,黑㉗点在 11 位,白㉘接着收外气时,黑放弃了棋局。如果继续下去的话,黑收唯一的一口公气并打吃,白接,黑❶一路打吃白大龙,白提劫,形成了白先手天下大劫。由于黑没有本身劫材,无论黑在哪里寻劫,白都将继续收紧一气,并呈打吃黑棋的状态。黑在他处连走两手也远远弥补不了劫败的损失。形成天下劫时,至少有一方是输不起的,有时是双方都输不起。有人把"只许胜、不许败""谁先手提劫至关重要"归结为天下大劫的特征,但笔者却另有看法, 3－72 即是 1 例。

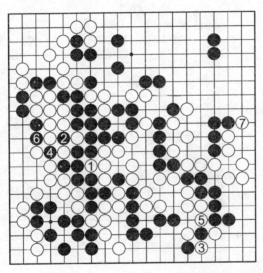

图 3－72

　　 3－72 是曹薰铉九段执黑与李世石九段的实战棋谱。白①打引发大劫争,白③寻劫时,黑④只得视而不见。白⑤拔后,黑右下角整块全亡,黑❻也拔白八个子。白⑦扳后,黑将大败。黑❷、❹、❻的价值百目,是黑方输不起的天下大劫,但白方劫败的损失要小得多,相比来说是白轻黑重的天下大劫。白③、⑤、⑦通过转换,是白胜势的局面。黑虽打赢了这个天下劫,但棋却输了,而白虽输掉了这个天下劫,但棋却赢了。这个天下劫对黑来说是"只许胜、不许败";对白方来说,并不适用,白劫败并不输棋。

四、二手劫

图 3－73 是罗洗河九段争夺第十届“三星杯”决赛权的第一局棋谱。黑❶、❸做成二手劫是唯一的活路，白④提当然，黑要打赢这个二手劫并消劫共三手才能活棋。罗九段在“三星杯”上精彩的打劫技术使其赢得了“劫王”的美称。黑❺寻劫，白⑥应，黑❼提劫，白⑧二路紧气也是劫材，黑❾也只得收气吃，白⑩提劫。黑⓫、⓱、㉓、㉙都是不损的本身劫材，白⑭、⑳、㉖、㉜都是黑方要应的劫材。黑㉟继续寻劫，黑㊲提劫，当白㊳挤找劫时，黑㊴将二手劫打成了紧气劫，但右下角留下了二路断的大官子。

●罗洗河　九段
贴 6 目半
○李昌镐　九段
2006.1.10　韩国首尔

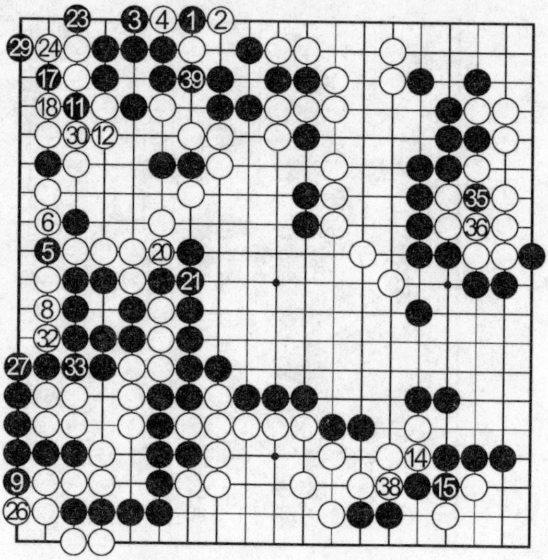

❼⓭⓳㉕㉛㊲＝①　⑩⑯㉒㉘㉞＝④

图 3－73

五、循环劫

循环劫又叫连环劫，有三劫循环、四劫循环等，一旦棋局出现这种情况，一般都按和棋或无胜负处理。这是目前围棋规则亟待完善的地方。按照中国规则，这种循环劫不能成为棋局不再继续的理由。但那只是理论上的，实际执行起来非常麻烦，缺乏一个简单的操作程序。随着围棋的国际化，一个统一的世界围棋规则呼之欲出，有志者可一显身手。

图 3－74 是罗洗河九段争夺第十届“三星杯”的半决赛对局，这是第三

局,也是决胜局。白①扑收气,黑❷提,白③继续收气,黑❹将本局导向"天下奇谱"。黑❹若 A 位断,变化非常复杂,但结果都是黑失败,白有精彩的延气妙手,限于篇幅,不一而足。白⑤打吃时,黑不能要了。黑❻紧白一气后,黑❽扳收气,白⑨提吃。至此,双方主力对杀,都将弃掉各自的大尾巴,一个三劫循环的奇局将要在实战中出现。崔九段在数次危险的情形之下,竟顽强地做成了即将出现的三劫循环,其坚韧精神可见一斑。

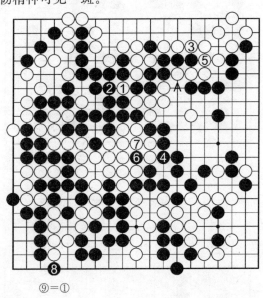

●崔哲瀚　九段
贴 6 目半
○罗洗河　九段
2005. 12. 16
韩国仁川

⑨=①

图 3-74

🈂️ 3-75 就是当时全世界都认为必然会出现的三劫循环谱。但是,罗九段并不死心,想出了欺瞒天下的妙招,详见实战的 🈂️ 3-76。在 🈂️ 3-75 中,黑❶提,白②打吃兼收气,黑❸接,白④打劫,黑❺、白⑥、黑❼、白⑧、黑❾简单收气,白⑩还提一子,黑⓫打劫,白⑫提劫,黑⓭在 9 位提劫,白⑭提劫,黑⓯在 1 位提劫,白⑯在△处提回黑⓭,从而形成"千局难遇"的三劫循环。

🈂️ 3-76 是罗九段一辈子的名局。白①先压试应手时机恰好,黑❷扳上当,正确应手当 8 位小尖,白不好找劫材,大约会形成 🈂️ 7-75 的三劫循环。实战白③、⑤紧气后,走 7,9 位造出大劫材。黑⓾即使回头也来不及了,黑空仍然不够。实战白⑪继续收气,黑⓬提吃五个子,白⑬提劫,黑⓮再吃一个大尾巴。白⑮反提黑⓮,黑⓰打劫,当白⑰在➕处粘劫时,一切都清清楚楚。白放弃三劫循环,但有右边的大劫材而足以获得使棋局胜利的补偿。实战黑⓲提劫,白⑲提

121

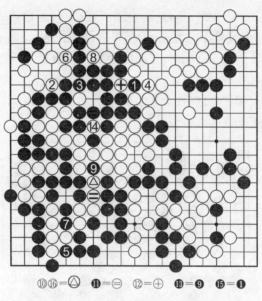

⑩⑯＝△ ⑪＝□ ⑫＝+ ⑬＝❾ ⑮＝❶

图 3 - 75

劫,黑⑳粘劫,白㉑收气打吃,黑㉒提劫,成了普通的百目大紧气劫。当白㉓寻劫时,黑㉔只得消劫,一把提起二十三个白子。白㉕后,黑放弃了走 31 位劫活的抵抗,实战等于认负。

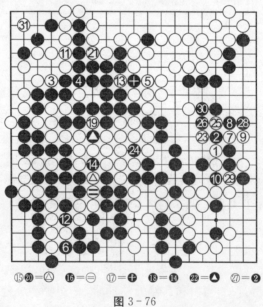

⑮⑳＝△ ⑯＝□ ⑰＝+ ⑱＝⑭ ㉒＝▲ ㉗＝❷

图 3 - 76

第七节　形形色色胜负手

在围棋实战中,放胜负手扭转不利的局面也是常用手段。棋力水平越高,对胜负的嗅觉就越敏锐。有人把比赛时间比作血液也有一定的道理,应氏围棋规则就有超时罚点的条目。下棋离不开计算,但现代围棋的时间又极其宝贵,所以棋手的感觉是很重要的。先感觉后计算,把棋感作为计算的开端。

> 释放胜负手最需要的就是感觉和计算。在形势有利时,对自己棋形的缺陷要时刻注意防护,而在形势紧张时,切忌一味地招架,要千方百计地挖掘对手的破绽,抓住反击的机会,胜负手即是一法。从某种程度上讲,围棋就是抓住对方所犯错误的游戏。

一、厚势大模样

在厚势大模样的棋局中,一方会充分利用厚势而获得目数,另一方则要破坏对方的意图。因此,精彩的胜负手段便在实战中诞生了。下面是几例与厚势大模样相关的争胜负实战片段。

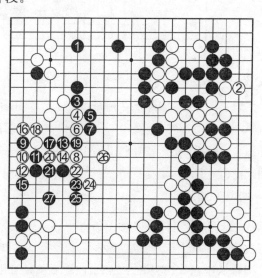

●孔　杰　七段
　贴 6 目半
○依田纪基　九段
2006.2.23　中国上海

图 3-77

⊗ 3－77选自第七届"农心辛拉面杯"世界围棋团体锦标赛第十三场的实战。黑❶拆二,白②立下是优势下稳妥的走法。黑❸、❺、❼是以右边厚势为背景的胜负手,白⑧、⑩、⑫、⑭进行了强烈的反击,黑⓯扳,白⑯必然打吃,黑⓱打吃是次序。黑⓳外冲,白⑳割断是先手,白㉒拐头有力,黑㉓扳,白㉔也扳。黑㉕退是孤注一掷的抉择,白㉖跳是恶手。在左边攻防的紧要关头,白㉖脱先难以理解。被黑㉗跳方补正后,黑❸、❺、❼的胜负手初获成功,形势大有逆转之势。白㉖应该点方攻击,黑不好应对,⊗ 3－78就是变化之一。

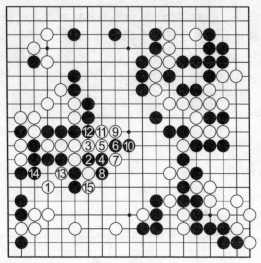

图 3－78

⊗ 3－77中的白㉖如果走27位的点方攻击,其变化如 ⊗ 3－78所示。黑❷断是不成立的应手,但除了黑❷的反击,走15位拐头也没有好结果。白③、⑤必然,黑❹若滚包,没有后续手段。黑❻扳,白⑦断打,黑❽逃,白⑨打吃后,白⑪接成了先手,黑⓬也接。请比较 ⊗ 7－78中黑⓬接与 ⊗ 3－77中在12位接的区别。白⑬切断后,黑必须有一处棋筋被吃,黑崩溃。点方抓住了黑棋形的缺陷,一举将其击倒。

⊗ 3－79是深深打入厚势大模样中的胜负手棋例,精选自第十八届名人战挑战者决定战决胜之局。黑❶提吃一子,白②镇一赌胜负是当前局面下较好的选择。黑❸从中盘攻出自正常棋感,白⑥靠下是常用的腾挪手段,黑❼是不成功的杀着,也是本局的败着,白的胜负手释放成功。黑漏算了白⑫尖、⑭断的强手。白⑯爬后,由于黑棋的气紧,白做活不成问题。实战中黑❾当17位先冲,实

战中被白⑭断后,黑没有好应手。黑❶扳头看似严厉,但白⑳断打是好手。黑
❷、❸滚打包收后,须 27 位补后。白㉘先断一下,进而 30 位打出,白大获成功。

● 罗洗河 九段

贴 3 $\frac{3}{4}$ 子

○ 俞斌 九段

2005.9.6

福建武夷山

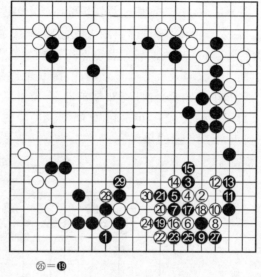

㉖=❶

图 3-79

图 3-79 中的黑❼如着于 图 3-80 中的黑 1 位,直接挖是当前严厉的
手段,白没有更多的路可走。其中白⑩不先走 11 位的拐是好手,黑硬吃风险大,
至白⑱后手连回,黑❶、㉑继续经营大模样,白棋仍然很困难。

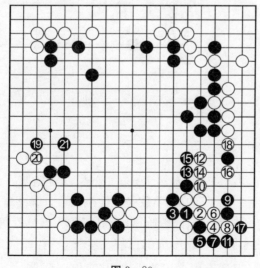

图 3-80

二、力求一战

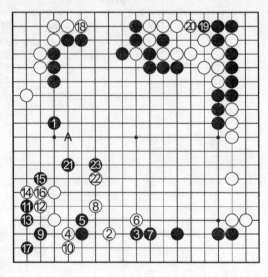 3－81 是 2005 年全国围棋个人赛冠军陈耀烨五段最后一轮（第八轮）的实战对局。白②、④、⑥、⑧摆出一副大吃的架势，意在把黑拖住，在上方滔天黑势的辐射范围之外一战决输赢。黑❾点角转换是智慧的体现，黑❺两子就地做活风险大，向外逃又波及上方模样。因此，黑取角地是正确的，黑❺两子仍有官子余味。其中，黑⓯的刺是次序，如果先走 17 位补活，就不一定能刺得到了。白⑱爬是 20 目以上的大官子，但却错过了 A 位尖冲的"天王山"。A 位是双方模样消长的要点，比 18 位的单纯官子要紧急得多。黑⓲与白⑳交换后，抢占 21、23 位围大空，白感到了凉意。后陈五段奋力直追，至 176 手，终于获胜。

●谢　赫　六段

贴 $3\frac{3}{4}$ 子

○陈耀烨　五段

2005.9.25　山东济南

图 3－81

三、逃孤一赌

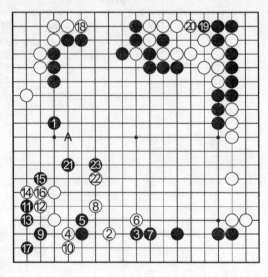 3－82 是罗洗河九段在第十届"三星杯"决赛上唯一的一盘不胜之局。李昌镐九段有个"盘十天堑"的美名，就是说他执黑一旦确立盘面十目的优势，对手就"死定"。本局任凭罗九段闪转腾挪、巧取豪夺却难觅胜机。"石佛"再次表演了他把握盘十的控棋能力。中央的白棋不能死，罗九段决定走白①、③赌一把。黑❹虽是巧手，但还有更严厉的手段，其变化详见 3－83 所示。白⑤

扒是唯一的逃生之路,黑❿拔花,这时也到中午封盘时间,罗九段有了"完全可战"的感觉。午后,白⑪跳出。黑⓬在角上碰,黑⓮、⓰没有多大价值,黑午前的优势化为乌有。当行至白㉑、㉓时,罗九段有了赢棋的感觉。白①、③的胜负手达到了预期的目的。

● 李昌镐　九段
　贴6目半
○ 罗洗河　九段
2006.1.12　韩国首尔

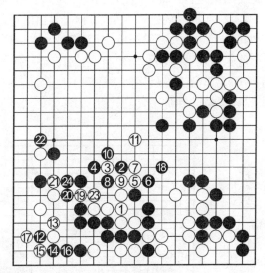

图 3-82

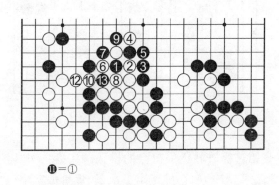

⑪=①

图 3-83

🔲 3-83中,黑❶内扒是严厉的一手。白②断,黑❸可挡住。白④、⑥两打后,黑有❼、❾包住的强手。黑⓫提劫时,白⑫连接,黑⓭再提劫时,白不仅劫材不利,且此劫白重黑轻,黑即使星位靠下穿通白角,白也不行。实战的变化是李昌镐的特长。🔲 3-82 中的黑④虽不是最强手,但也不至于一手棋把优势走没了。"石佛"的每一手棋都有一定的价值。

四、"碰"破边角之地

　　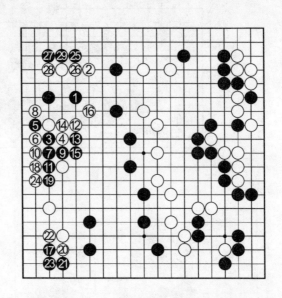3－84是第二十四届韩国KBS棋王战决赛第二局的实战谱。黑❶跳起，白②走在高位是肯定的，这样有利于战斗。目前的焦点为黑中腹厚势如何发挥？黑面临实地不足的危机。于是，黑❸碰入白的边地，可以说是恰好地掌握了放胜负手的时机。白⑥、⑧顽强反击，黑❾冲，白⑩爬，黑⓫长，白⑫、⑭、⑯转向上边，黑形薄味显现。黑⓱点角捞空，白⑱先爬一手，再定型左下角是严谨的，白㉔渡落了后手。黑❸的胜负手似乎达到了目的，但在"石佛"的强烈反击下，虽然没有彻底粉碎黑❸的胜负手，但黑落后的形势仍然没能改观。

●刘昌赫　九段
贴6目半
○李昌镐　九段
2005.10.13
韩国棋院

图3－84

　　3－85是错过释放胜负手机会的棋例。在第二届"富士通杯"U15少年职业围棋赛第九轮实战中，白①虽跑出了征子，但价值有限，白为了引征已先付出代价。白在左边虽得先手，但白⑪当在A位碰一决胜负。实战的白⑪不是走棋的地方，忽略了黑⑫扑劫的严重性。当黑⑳断寻劫时，白㉑只得消劫，被黑㉒跳之后，白失去了A位碰的手段，已呈败势。

●周睿羊 三段

贴 $3\frac{3}{4}$ 子

○王迦南 初段

2006.1.14

中国棋院

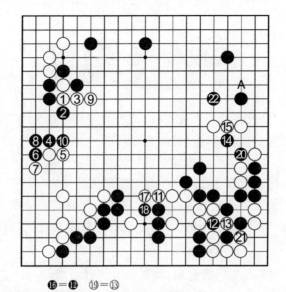

⑯＝⑫　⑲＝⑬

图 3 - 85

第四章　抢收官子

　　官子就是一局棋经过中盘战斗以后,双方在未定形的交界处所采取的多种走法。简而言之,就是收拾残局的能力和技巧。

　　官子的优劣,往往关系到棋局的胜败。别说业余棋手,就是专家棋手,也能见到以下情形:好不容易在布局和中盘阶段取得的优势,当然还不足以达到胜势的程度,在官子阶段却走向失败。可见,收官一定要有竞争意识,养成形势判断的好习惯,全面衡量整盘官子的情况,分清哪些官子要抢先收,哪些官子可稍后再收。

> 　　如果己方形势有利,就要千方百计把棋盘变小,直到终局的胜利。反之,则要挑起事端,并最大限度地压缩对方目数,扩大己方地盘。

第一节　官子的分类

　　为了便于学习和掌握,通常把官子分为下列三类:双方先手、单方先手(也称逆先手)、双方后手。

一、双方先手官子

> 　　无论哪一方先走,对方都必须跟着应,如果脱先,则下一手的后果将十分严重。这种官子是双方争夺的焦点。

　　如图4-1所示,黑❶、❸扳、接,白②、④只好跟着应,如果任一着脱先,白的实地就会遭到破坏。就是说,黑抢先走的是双先官子。如果白方先走,结果见图4-2所示。

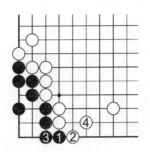

图 4-1

在 图 4-2 中,白①、③扳、接,黑❷、❹当然。白先手收官,并压缩了黑空。黑棋任一着脱先,角部不活,习惯上又把白的①、③称为绝对先手。

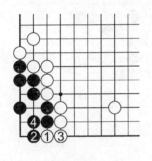

图 4-2

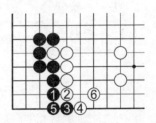

图 4-3

如 图 4-3 所示,黑抢先在 1 位立,白②只好挡住,接着黑❸、❺定形是先手,白空被压缩,黑无不满意之处。相反,白要是抢到了此处官子,结果黑就会受损。

如 图 4-4 所示,白①抢先立,黑为护住角空,只得❷、❹、❻跟着应。结果白先手收官,白空增而黑空减。

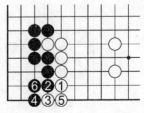

图 4-4

131

二、单方先手官子

> 单方先手官子,就是一方走是先手官子,而另一方走则是后手。对后手方来说,习惯上也叫逆先手官子,简称为逆收。这一类的官子权利,一般情况下应属先手一方所有。但在实战中,被逆收的也屡见不鲜。

如**图**4-5所示,黑❶托、❸打、❺扳、❼粘,一路先手收官,好不快活。黑最大限度地扩张自己的地域,并有效地压减了白方地盘。

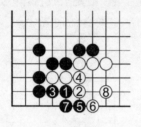

图4-5

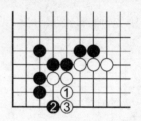

图4-6

如**图**4-6所示,白为了防止黑按**图**4-5中的手段先手收官,白在适当时机也可以逆收。注意,白①不可贴紧气挡住黑棋,否则,黑有如**图**4-7中的手段,白损。

在**图**4-7中,白①挡是错着,因为黑❷扳时,白③只能退缩,否则,黑于三路的断可成立。黑❹步步紧逼,到白⑨虎为止,黑大破白空。与**图**4-6相比,白损失惨重。

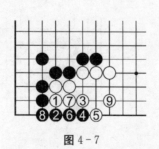

图4-7

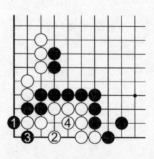

图4-8

如图 4－8 所示,对于黑❶、❸的扳着,白②、④只得求活,这是黑先手收官的权利。在实战中,由于❶、❸都是黑方绝好的劫材,对局者往往不愿走掉,这样就给白方逆收提供了机会。当被白方一路渡过时,黑会很后悔。所以说,没有必要保留的棋,要尽早走掉,所谓"好棋要先走"。

三、双方后手官子

> 无论哪一方先走都会落后手的官子,被称为双方后手官子,是三种官子类型中价值最低的。收这类官子,只要选择最大的走就可以了。但是,在实战中官子往往关系到一块棋或几块棋的死活或厚薄,所以说收这类官子的技巧也很重要。

如图 4－9 所示,这个角上虽然只有寥寥数子,但黑❶已经在抢收大官子了。黑❶虽然是步大官子,但白不应的情况占大多数。接着,有黑❸至白⑧的先手利益。

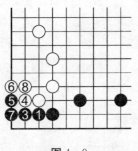

图 4－9

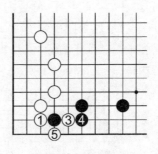

图 4－10

如图 4－10 所示,白①挡住角后,黑❷也可脱先他投,接着白③能夹吃黑一个子,收获不小。只不过黑此时还可以抢先他投,争夺别处的官子利益。

第二节 官子的大小

要想收好官子,仅知道官子的分类是不够的,还必须知道官子的大小。用数字的概念来衡量,才能精确地认清每处官子的价值。那么,官子的大小是如何计算的呢?

一、官子的计算

> 官子是以"目"为单位进行计算的。前面已经讲过,围棋的胜负是由敌我双方所占地域的多寡来决定的。占地有两种方式:一是棋子本身所占的交叉点,二是棋子所围属于自己的那些交叉点。这些被棋子围住的交叉点就叫做"目",交叉点的个数即目数。

围棋是一人一着轮流下的,若不考虑先后手的因素和围棋规则中的罚子、贴子,棋子所占的交叉点双方是平衡的,输赢便由目数所决定。围住一个交叉点便是一目,提对方一个子的交叉点算两目。因为,提对方一个子相当于我方多着一个子,即多占一个交叉点。所以,提过子的交叉点是要加倍算目的。

终局时,一方空内有对方死子时,也依照上述方法,加倍算目。为了便于理解,用 图 4-11 为例说明。

在 图 4-11 中,白角是六目棋。现在黑❶点,要劫材,白②应。注意,白②不可于 4 位接,否则黑❸着于 2 位成公活。若就此进入终局,则白空内有四个交叉点和一粒黑死子,仍算六目棋。同样,黑❸继续要劫材,白④应后,终局时白角还是六目。

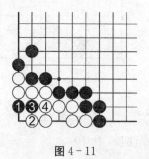

图 4-11

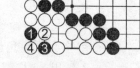

图 4-12

如 图 4-12 所示,黑❶点时,白②打吃的目数变化。若就此终局,白空内有四个交叉点和一颗黑死子,算为六目棋。如果黑继续在此处要劫材,于 3 位扑入并打吃白棋,白④提两子后为 图 4-13 所示的棋形。

在 图 4-13 中,两个黑子被提后,白空内有四个交叉点,但是,其中的两个交叉点是提过子的,要加倍算目,白角空要点成六目。通过观察棋形,也可反推出白提过黑子,因为白不会独自下在一一点的,在己方的活棋内着子是违反常规的。

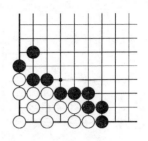

图4-13

二、必抢的双先大官子

如图 4－14 所示,为黑先手四目。黑❶、❸扳接,白②、④应护空。与图 4－15 比较,黑空多两目,黑先手破白②、④两目。因此,黑❶、❸的一路扳接是先手四目。

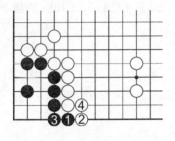

图4-14

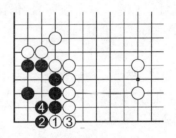

图4-15

如图 4－15 所示,为白先手四目。白①、③扳接,黑为了求活,只得②、④跟着应。与图 4－14 相比,白空增加两目,而黑的角空却少了两目。因此,白的收官是先手四目。因为,白的官子威胁到黑角的生死,所以,这种官子被白抢收的可能性就大。

如图 4－16 所示,为黑先手六目。黑❶尖、❸扳、❺接先手收官。与图 8－17 相比,黑先手破白3、4、6位三目,多围住下图3、4、6位三目。因此,黑❶的二路尖是先手六目。

如图 4－17 所示,为白先手六目。白①尖、③扳、⑤接先手收官。与图 8－16 比较,白先手破黑3、4、6位三目,多围住图 4－16 中的3、4、6位三目。因此,白①二路尖也是先手六目。

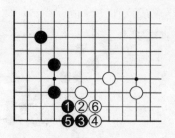

图 4－16

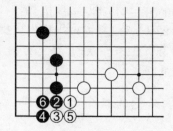

图 4－17

如 **图** 4－18 所示,为黑先手八目。黑❶、❸、❺先手收官,与 **图** 8－19 相比,先手破白 2、3、4、6 位四目,保住角部的 2、3、4、6 位四目。因此,黑❶扳、❸长、❺接的官子价值是先手八目。

如 **图** 4－19 所示,为白先手八目。白①、③、⑤先手收官。与 **图** 8－18 相比,白先手破黑 2、3、4、6 位四目,白空多上图的 2、3、4、6 位四目。因此,白的官子价值也是先手八目。

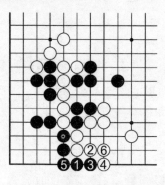

图 4－18

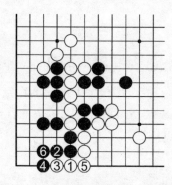

图 4－19

如 **图** 4－20 所示,为黑先手十目。黑❶二路托、❸虎、❺扳、❼接,一路先手收官。从下面 3×10 内的交叉点算目,黑是十三目,白是七目。黑先手官子的价值有十目之大。

如 **图** 4－21 所示,为白先手十目。白①二路尖,黑为防止白侵入角地,在 2 位应。以后的官子看成 4、5、6、7 手的定形。从下面 3×10 区域内的交叉点看,黑角上是九目棋,白是十三目。与图 4－20 相比,黑角少四目,白边空多六目。因此,白①的二路尖是先手十目的双先官子。

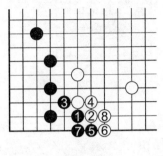

图 4－20

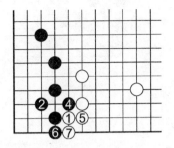

图 4－21

如图 4－22 所示,对于白①的尖,黑若脱先不应,则白在二路夹后可侵入黑角。黑❹的强行阻断是无理手,黑角地漏洞百出,损失更大。

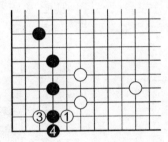

图 4－22

三、可能被逆收的单方先手官子

如图 4－23 所示,为黑先手一目弱。黑❶扳,白②挡成活棋。黑先手破 2 位一目,但自己的单劫未粘,不能视为黑净得一目。黑❶扳的先手官子价值是一目弱。

如图 4－24 所示,为白后手一目弱。白①立,护住了图 4－23 中的 2 位一目。但是,由于图 4－23 中的黑❶一手的价值不到一目,所以,白①立的官子价值是后手一目弱。

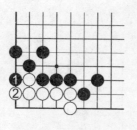

图 4 - 23

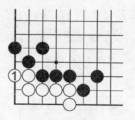

图 4 - 24

如**图** 4 - 25 所示,为黑先手一目强。黑❶提白一子得一目,又先手破白 2 位一目,但黑未粘单劫,不能视为黑净得两目。因此,黑❶提的官子价值是先手一目强。

如**图** 4 - 26 所示,为白后手一目强。白①接回一子,避免了一目棋的损失。同时,又保住了**图** 4 - 25 中 2 位的一目。但**图** 4 - 25 中的黑❶一手不到两目的价值,所以白①的接,其官子价值是后手一目强。

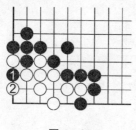

图 4 - 25

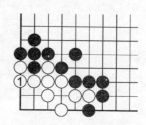

图 4 - 26

如**图** 4 - 27 所示,为黑先手两目。黑❶冲,白②提黑一子。黑先手破白 2 位一目,白须在提黑一子的交叉点上自填一目。因此,黑❶的冲是先手两目。

如**图** 4 - 28 所示,为白后手两目。白①接,吃住的黑一子(两目)及其下方的一个交叉点,看成三目。在**图** 4 - 27 中,在相同地域,白仅有提一子的一目。因此,白①的接是后手两目。

如**图** 4 - 29 所示,为黑先手三目。黑❶打,白②接,黑❸脱先,(以后均省略)以后的官子看成白④打吃黑❶之子,黑❺接。黑先手破白 2、4 位两目,保住

图 4－30 中的 2 位一目。因此,黑**❶**的打是先手三目。

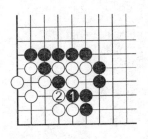

图 4 - 27

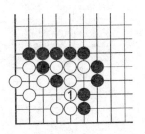

图 4 - 28

如 **图** 4－30 所示,为白后手三目。白①、③扳接,破黑 2 位一目,护住 **图** 4－29 中的 2、4 位的两目。因此,白的官子价值是后手三目。

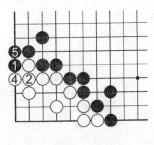

图 4 - 29

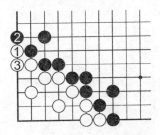

图 4 - 30

如 **图** 4－31 所示,为黑先手四目。黑**❶**扳,白②立。以后的官子是黑、白均要接一手。黑先手破白②、④和拐角共三目,保住了 **图** 4－32 中 4 位的一目。因此,黑**❶**的扳是先手四目。

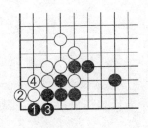

图 4 - 31

如 **图** 4－32所示,为白后手四目。白①立后手收官,但以后可走到白③的冲。与 **图** 4－31 相比,白角多三目,黑少 4 位一目。因此,白①的官子价值是后手四目。

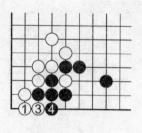

图4-32

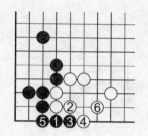

图4-33

如图4-33所示,为黑先手五目。黑❶扳、❸长、❺接,先手破白2、3、4、6位四目,护住图4-34中2位一目。因此,黑的官子价值是先手五目。

如图4-34所示,为白后手五目。白①、③扳接,破黑2位一目,护住图4-33的2、3、4、6位四目。因此,白的官子价值是后手五目。

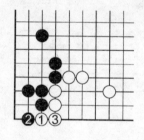

图4-34

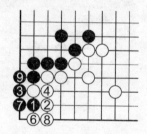

图4-35

如图4-35所示,为黑先手六目。从黑❶夹到白④接,以后的官子看成白⑥打、黑❼粘,黑白双方都要再粘一手,看成白⑧、黑❾。黑先手破白1、4、6、7、8位和拐角共六目。因此,黑❶的夹是先手六目。

如图4-36所示,为白后手六目。白①虎后手收官,以后的官子视为黑❷白③。与图4-35相比,白角地多六目,黑目数未变。因此,白①的官子价值是后手六目。

140

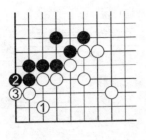

图 4 - 36

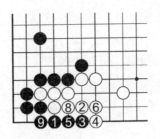

图 4 - 37

如 图 4 - 37 所示,为黑先手七目。黑❶扳到白⑥接,以后的官子看成白⑧打,黑❾接。黑先手破白 2、3、4、5、6、8 位六目。与 图 4 - 38 相比,护住 图 4 - 38 中的 9 位一目。因此,黑❶扳的官子价值是先手七目。

如 图 4 - 38 所示,为白后手七目。白①立是后手官子,以后的官子可看成白③冲,黑❹挡。与 图 4 - 37 相比,白空增加六目,黑角地减少一目。所以,白①立的官子价值是后手七目。

如 图 4 - 39 所示,为黑先手七目。黑❶、❸的扳接先行收官,以后的官子看成黑❺、白⑥定形。黑先手破白 2、4、5、6 位四目,护住 图 8 -40 中的 2、5、6 位三目。因此,黑的官子价值是先手七目。

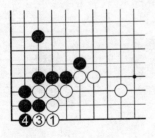

图 4 - 38

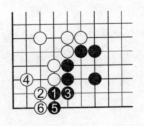

图 4 - 39

如 图 4 - 40 所示,为白后手七目。白①、③扳接后手收官(一般情况下,白的官子是在 3 位单立),以后的官子视为白⑤、黑❻定形。与 图 4 - 39 相比,黑减少三目,白角增加四目。因此,白棋的官子价值是后手七目。

如图 4－41 所示，为黑先手八目。从黑❶的仙鹤大伸腿到白④的退，黑先手收官，以后的官子看成白⑥冲，黑❼应。黑先手破白 1、2、3、4 位和两个△位六目，护住图 4－42 中的 4、6 位两目。因此，黑❶伸腿的官子价值是先手八目。

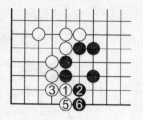

图 4－40

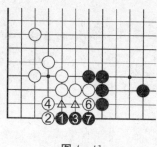

图 4－41

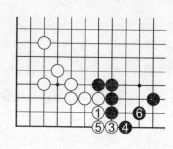

图 4－42

如图 4－42 所示，为白后手八目。白①挡后手收官，之后的官子看成白③扳、⑤接。与图 4－41 相比，白角地多六目，黑空少两目，因此，白①挡的官子价值是后手八目。

如图 4－43 所示，为黑先手九目。从黑❶的仙鹤腿到白⑧接，黑先手破白 1、2、3、4、6、8 位六目，护住图 4－44 中的 3、4、6 位三目。因此，黑❶仙鹤腿的官子价值是先手九目。与图 4－42 中的白棋棋形不同，同样是仙鹤腿的官子价值也有差异。如果，图 4－41 中的白棋要是照图 4－43 应的话，白就会亏损一目棋。

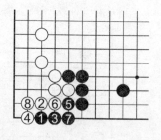

图 4－43

如图 4－44 所示，为白后手九目。白①挡虽是后手，但以后可收到 3、5 扳接的先手官子。与图 4－43 相比，白角地多六目，同时，黑空少三目。因此，白①挡的官子价值是后手九目。

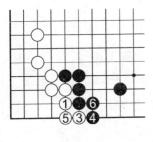

图 4 - 44

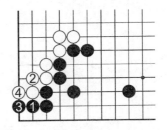

图 4 - 45

如图 4 - 45 所示,为黑先手九目。黑❶曲,白②接,黑先手收官。之后的官子看成是黑❸、白④的定形。与图 4 - 46 比较,白空少四目,黑多五目角地。因此,黑在二二路的拐头,其官子价值是先手九目。

如图 4 - 46 所示,为白后手九目。白①在二二路爬虽是后手,但以后可收到白③、⑤的扳接。与图 4 - 45 比较,黑地少五目,白空多四目。因此,白①的官子价值是后手九目。

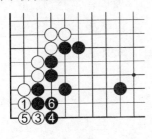

图 4 - 46

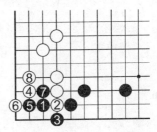

图 4 - 47

如图 4 - 47 所示,为黑先手九目。黑❶跳入角地,白空受损严重,到白⑧退为止,都是正确的收官次序。与图 4 - 48 相比,白空净减九目。因此,黑❶的跳是先手九目。

如图 4 - 48 所示,为白后手九目。白①挡后,黑❷、❹先手收官。与图 4 - 47 相比,白角地多九目。以四线以下的交叉点算目,此图白是十目,图 8 - 47 中的白仅有一目,黑的目数未变。

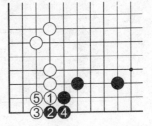

图 4 - 48

143

因此,白①挡是后手九目。

如图 4－49 所示,为黑先手十一目。黑❶飞进角,白②搭住,黑❼打,白⑧提,其中黑❺断是官子手筋,如单走 7 位的挤,白可能脱先他投。后续的官子是白一路的先手扳接。与图 4－50 相比,黑空增加四目,白空少七目。因此,黑❶飞的官子价值是先手十一目。

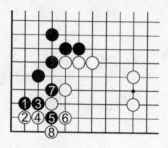

图 4－49

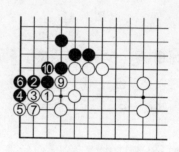

图 4－50

如图 4－50 所示,为白后手十一目。白①尖顶护住角空,到白⑦为止告一段落。黑❽脱先他投,白⑨挤是白方的官子权利。与图 4－49 相比,白空多了七目,黑空却少了四目。因此,白①尖顶的官子价值是后手十一目。

如图 4－51 所示,黑先手十二目。黑❶、❸扳接是先手,以后的官子可看成黑❺、❼的先手扳粘。黑充分利用了一粒死子来获取最大的官子利益。与图 4－52 相比,黑空在角部多六目,白空同时减少六目。因此,黑❶、❸扳粘的官子价值是先手十二目。

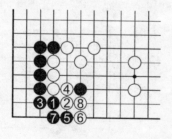

图 4－51

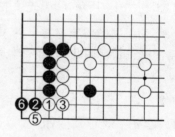

图 4－52

如图 4-52 所示,为白后手十二目。白①、③扳粘后,黑❹可脱先,以后的官子看成白⑤、黑❻的交换。与图 4-51 相比,黑减少了六目的角空,同时,白空却增加了六目。因此,白①、③扳粘的官子价值为后手十二目。

四、由大到小收好双方后手官子

如图 4-53 所示,为后手一目弱。黑❶、❸扳粘,破白 2 位一目,自己没长目,但黑❶一子并未连回,留有一目棋的劫争未定论。因此,黑的官子价值是很小的,不到一目。白如在 1 位立收官,其价值也不到一目。

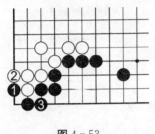
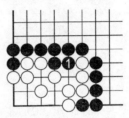

图 4-53　　　　　　　　　　图 4-54

如图 4-54 所示,为后手一目。黑❶冲,破白棋一目。如果,白走 1 位的挡,自成一目,黑的目数没有变化。因此,无论双方谁下,都是标准的后手一目棋。

如图 4-55 所示,为后手一目强。黑❶打吃,不让白走 1 位团眼,不仅破白一目,还留有提白一子的后续手段。因此,黑❶打的官子价值大于一目。如果,白走在 1 位,不能看成是后手一目的棋,它的价值是后手一目强。

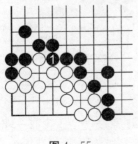
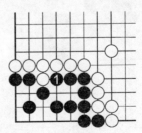

图 4-55　　　　　　　　　　图 4-56

如图 4-56 所示,为后手一目半。黑❶挡,有人会误以为是后手两目的棋,其实不足两目。只要换位思考一下,就很容易走出误区。因为,白走1位冲,不能一手破两目,余下的官子价值双方折半计算。因此,1位的官子价值是双方后手一目半。

如图 4－57所示,为后手两目。此类的棋形无论哪一方走一路的扳粘,都是破对方一目,自己多护住一目。因此,黑❶、❸扳粘的官子价值是后手两目。

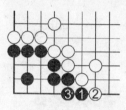

图 4－57

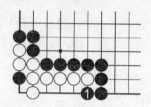

图 4－58

如图 4－58所示,为后手两目。黑❶冲后,下一手再冲,威胁到白角的生死。因此,黑❶冲可看成破白两目,只是下一手要尽早冲掉。白走1位挡,一手棋护住两目。因此,黑❶冲的官子价值是双方后手两目。

如图 4－59所示,"打二还一"是后手两目。黑❶提白二子是后手两目。白如果应,立即回提黑❶一子,那么,黑❶就成了先手一目了。白回提黑❶一手的官子价值也是后手两目。白不让黑❶提二子,而于1位接,那么,白接的官子价值自然也是后手两目。

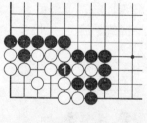

图 4－59

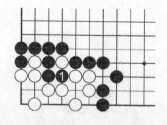

图 4－60

如图 4－60所示,为后手两目半。黑❶提白一子后,含有一路挤、破白一目的后续手段。提一子得两目,未定的后续官子利益原则上是折半计算。习惯上,把黑❶的提看成后手两目半。

如图 4－61 所示，为后手三目。黑❶吃住白一子，吃一子得两目，同时又护住了一目空。所以，黑❶吃的官子价值是后手三目。同样，白于 1 位接回一子，也是后手三目。

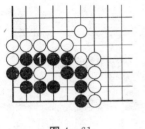

图 4－61

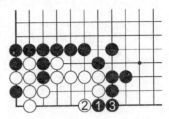

图 4－62

如图 4－62 所示，为后手三目。黑❶、❸走一路扳粘，破白 2 位一目，自成一目。当白的外气被收紧时，白还需在空中自补一目。因此，黑一路的扳粘是后手三目。白棋先走一路的扳接，也是后手三目，白空多两目，黑空少一目。

如图 4－63 所示，为后手三目强。黑于二一路扳后，白一般脱先不应。以后按照图 4－62 的方法收官。与白棋先走 1 位立相比，白少三目，黑多一目，共相差四目。但是，由于黑❸一个子并未连回，所以，黑❶的官子价值是后手三目强。白先走 1 位立后，可走到 5 位的冲，也是后手三目强。

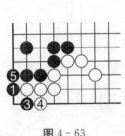

图 4－63

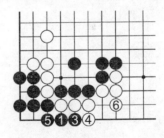

图 4－64

如图 4－64 所示，为后手四目。黑❶扳，白②脱先不应，以后按照图示收官定形，白少 3、4、6 位三目，黑角护住一目。因此，黑❶一路扳的官子价值是后手四目。白先走 1 位立，护住三目空，再冲掉黑角一目，也是后手四目的官子。

如图 4－65 所示，为后手四目。黑❶立，不让白棋渡过，白②脱先不应。

以后的官子可看成黑❸冲,白④挡;黑❺冲,白⑥挡。与白走 1 位渡过相比,白地净少四目。因此,黑❶一路立的官子价值是后手四目。

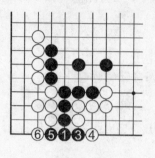

图 4 - 65

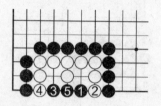

图 4 - 66

如图 4 - 66 所示,为后手四目。从黑❶点入到❺接,成公活,白一目没有。如果,白先走 2 位挡住,黑走 4 位冲,白 3 位挡,白棋有四目棋。因此,黑❶点的官子价值为后手四目。

如图 4 - 67 所示,为后手四目。黑利用硬腿走一路的夹,白②挡,黑❸粘回,白大概会脱先走别处大官子。以后成“打二还一”先手得一目的官子。黑后手破白地三目,加上“打二还一”的先手一目,共计是后手四目。白先走 3 位挡住,也是后手四目的官子。

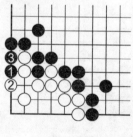

图 4 - 67

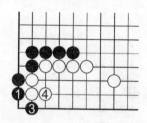

图 4 - 68

如图 4 - 68 所示,为后手五目。黑❶长后,白通常脱先不应。以后的官子将收成黑❸扳,白④退。与白先走 1 位相比,白地减少三目强,由于白提黑一子的价值是一目强,所以,黑❶长的官子价值有五目。白走 1 位拐打收官的价值也是五目。

如图 4－69 所示，为后手五目强。黑❶打、❸提一子后，白脱先他投。以后的官子将收成黑❺扳、白⑥打、黑❼在提白一子处粘。黑破白空五目，但留有黑❺一子未粘回，实际价值是四目强，黑提白一子得一目，总共是后手五目强。同样，白抢先走在 1 位粘，也是后手五目强的官子。

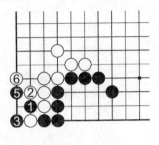

图 4－69

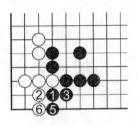

图 4－70

如图 4－70 所示，为后手六目。黑❶、❸走二路扳接收官，以后按照黑❺、白⑥定形。与白先走二路扳接的定形相比，黑地多三目，同时白地少三目。因此，二路扳接的官子价值是双方后手六目。

如图 4－71 所示，为后手六目。黑❶后手提白一子后，白脱先不应。最后的官子将收成白④立，黑❺护眼。与白后手提黑一子相比，黑地多三目，同时白地少三目。因此，黑❶在一路提对方一子的官子价值为后手六目。如果，白后手提黑一子，其官子价值也是后手六目。

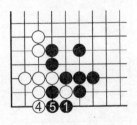

图 4－71

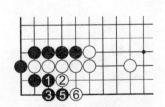

图 4－72

如图 4－72 所示，为后手七目。黑❶爬二路，白②挡后，黑❸走一路单立。以后的官子可看成黑❺冲、白⑥挡算目。与白走 1 位挡住收官相比，黑自成角地四目，同时破白地三目。因此，黑❶收官的价值是后手七目。白走 1 位挡的官子价值也是后手七目。

如图 4－73 所示,为后手八目。这里黑❶、❸走二路的扳粘,不是六目,而是八目的官子。因为,黑还含有一路的先手扳接。与白先走二路的扳接相比,黑地多三目,白地同时少五目。因此,黑❶、❸二路的扳接是后手八目的官子。白走二路扳接的官子价值也是后手八目。

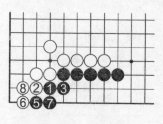

图 4－73

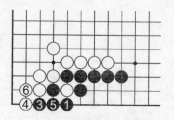

图 4－74

如图 4－74 所示,为后手八目。黑❶后手提白一子,白脱先走他处。以后的官子将收成黑❸、❺的一路先手扳接。与白走 5 位提黑一子相比,白地减少了五目,而黑空增加三目。因此,黑❶提一子的官子价值是后手八目。白先走 5 位提黑一子的官子价值也是后手八目。

如图 4－75 所示,为后手九目。黑❶打时,白②跳下走在一路是好手,如走 3 位反打,黑提一子后在 2 位扳时,白不敢轻易打上去,若退缩较本图损两目官子。与白走 5 位的立相比,白空少五目,黑角多四目。因此,黑打拔白一个子有九目的官子价值。

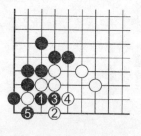

图 4－75

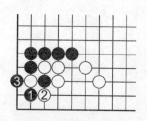

图 4－76

如图 4－76 所示,为后手九目强。黑❶翻打时,白不能立,否则黑 2 位接后,白不行。黑❸渡后,白劫材不利时,还要再走二路的接。与白走 2 位提净黑一子相比,白地少八目,而黑空多一目强。因此,黑走二路的翻打,其官子价值接近十目。白走 2 位提黑一子的价值也是十目弱、九目强的官子。

如图 4－77 所示，为后手十目。黑❶提后，白②通常脱先不应。以后含有黑❸的一路先手扳粘官子。与白提黑一子的官子相比，双方地域均相差五目。因此，黑❶提白二路一子的官子价值是后手十目。如果，白④在 6 位退缩的话，黑❶的官子价值又要增加两目，为后手十二目。

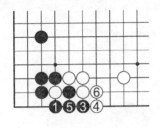

图 4－77

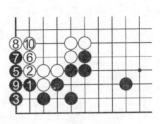

图 4－78

如图 4－78 所示，为后手十一目。黑❶扳后，走 3 位倒虎，白一般会脱先走别处。以后的官子将收成如图 4－78 所示。与白先走二二路的扳、黑一路扳，白再一路立的官子相比，白地少七目，而黑多角地四目。因此，黑收官的价值是后手十一目。同样，白走此处也可获得后手十一目的官子利益。

如图 4－79 所示，为后手十二目。白①、③走二路扳接，虽然落了后手，但有十二目的官子利益。当白⑤一路扳时，黑不能打上去是痛苦的，否则，白有妙手借打劫活在角内。与黑走二路的扳接相比，白地多五目，而黑空少七目。因此，此处的官子是双方后手十二目。

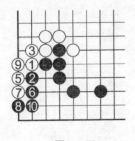

图 4－79

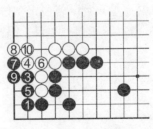

图 4－80

如图 4－80 所示，为后手十三目。黑❶挺进二二后，白一般会脱先不应。

黑❸至❾一路先手收官好不惬意。与白先走二二路扳、黑二一路扳、白二一路立的官子相比，白空少八目，黑多五目角地。因此，黑❶探头的官子价值是后手十三目。

如图4-81所示，为后手十四目。黑❶拐后，白②一般会脱先。黑❸、❺虽吃白一子，但落了后手。黑一路的扳、爬、接是先手权利。黑❸以后的官子利益只能折半计算，目数相差十目，折半算为五目。与白在1位爬，再一路的先手扳接相比，角部出入九目。因此，黑❶拐的官子是后手十四目。

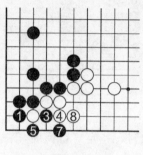

图4-81

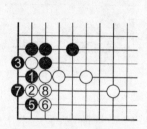

图4-82

如图4-82所示，为后手十五目。黑❶、❸打拔白二路一子后，白一般脱先他投。以后的官子是黑二路的夹，白不能走7位立阻断，否则黑8位断成立。与白走1位接，再先手走一路扳粘相比，黑地多五目，白减少角空达十目之多。因此，黑打拔二路白一子的官子价值有十五目之大，不过是后手。

如图4-83所示，为后手十五目。黑❶长进角内，白②通常脱先。黑❸以下是黑方的先手权利。若白走1位挡角，黑接回一子与本图相差十目；黑脱先不应的结果，与本图相差二十目。因此，黑❶长为双方后手十五目的官子。

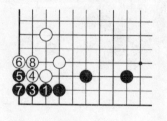

图4-83

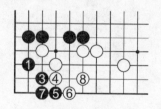

图4-84

如图 4－84 所示,为后手十六目。黑❶跳入角地,白因为没有好的应手,一般会脱先不理。以后的官子将走成黑❸到白⑧。与白二路挡住,黑一路先手扳粘的官子相比,黑多五目角地,白空少十一目。故黑❶的跳是后手十六目的大官子。

如图 4－85 所示,为后手十七目。黑❶、❸打拔白二路一子后,白会脱先。当黑❺在一路扳时,白没有可能打上去吧! 黑又多得两目。因此,黑的打拔是后手十七目的大官子。

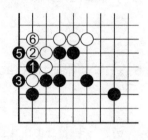

图 4－85

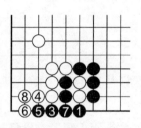

图 4－86

如图 4－86 所示,为后手十八目。黑❶提白两子后,白是不应的,以后有黑❸一路扳粘的先手官子。与白先拔两个黑子,进而走一路的先手扳接相比,白少九目,黑多九目。因此,黑❶提的官子价值是后手十八目。黑右边是基本空。

第三节　官子手筋

> 在各类手筋的应用中,官子手筋的价值往往只能便宜一两目棋,远不如中盘战或死活手筋那样效果明显。然而,在盘面比较接近的细棋当中,一两目就不是个小数字,胜负常在黑白双方游来荡去。在实战中,敏锐地发现棋形的不完整之处,或冲击对方、或补强自身,巧妙地进行收官,会提高对局的胜率。

下面介绍的这些图例都是在实战中容易出现的,希望读者能认真体会,并灵活地运用于实战。

一、问题图1

图4－87 黑先如何收官？白先又该如何收官？

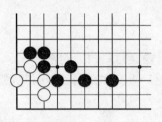

图4－87

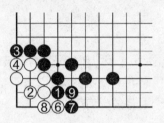

图4－88

图4－88 所示为失败图。黑❶挡，错着。白②团眼后，黑❸虽是先手，但白也有一路的先手扳粘。白角是四目棋。

图4－89 为正解图。黑❶单立是正着。白②是活棋的手筋，走在他处均不能活。黑❸一路跳又是好手，到白⑧止，黑先手将白空压缩成两目。就是说，上图黑收官吃亏两目。

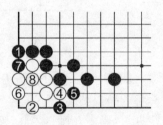

图4－89

二、问题图2

图4－90 黑❶扳时，白该如何应？

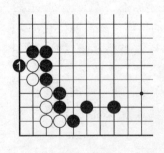

图4－90

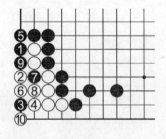

图4－91

图4－91 为失败图。②虎是错着。黑❸点在二一路上是妙手，当黑❾打

吃时,白不能接两子了。白角看上去有五目棋(提❼一子是一目),但黑有"打二还一"先手得一目的权利,白角实际上只能点成四目。

图4-92为正解图。白②接是正确的。由于黑没有图4-91中的手筋,白可确保角上有六目棋。图4-91中白②虎的官子要吃亏两目。

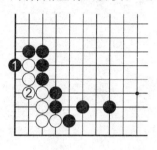

图4-92

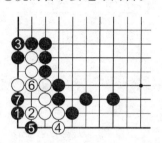

图4-93

图4-93为变化图一。黑❸时,白④若扩大眼位,则到黑❼止,成双活。白棋一目没有,而黑棋反而成一目。黑虽落后手,却得到五目的官子利益。与正解图相比,黑的后手价值达到了七目。

图4-94为变化图二。黑❸的一路扳是以错对错的收官典例。白④补在二一路的要点后,黑没有严厉的下一手了。白两边打吃后,护住了六目的角地。

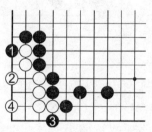

图4-94

三、问题图3

图4-95 白角部的眼位是争夺的中心,黑先该如何收官定形?

图4-96为失败图。黑❶挡,白②单立是冷静的好手,好就好在确保了角上的眼位。黑❸只能后手挡住护空。

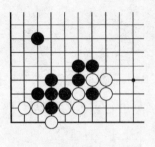

图 4-95

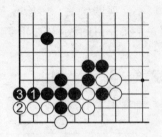

图 4-96

图 4-97 为正解图。黑❶托在二一路是官子手筋,当黑❺挡时,白⑥不能脱先。与 图 4-96 相比较,黑地少两目,白角增一目。黑棋虽亏损三目;但取得了先手。如果,黑不堵住这个缺口,要是白先动手的话,又该怎样呢?

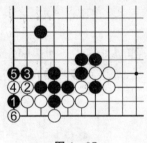

图 4-97

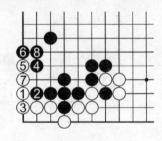

图 4-98

图 4-98 为变化图。相同的棋形变成白先收官,白①的尖是官子手筋,黑❷挤时,白③只需接实,即可先手破坏黑空。白①走 2 位拐是错着,虽有一路的先手扳粘,仍比白①尖的走法亏损两目。

四、问题图 4

图 4-99 黑❶封住白棋后,白得做活。白怎么活角是问题的关键。

图 4-100 为失败图。白②接是错着。黑❸一路扳后,白④只得求活。白角成三目棋。

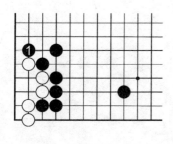

图 4 - 99

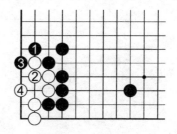

图 4 - 100

图 4 - 101 为正解图。白②下立是正着。黑❸挡后,白④补活。白角有五目棋。白④若接在上一路,则多一个劫材。

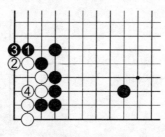

图 4 - 101

五、问题图 5

图 4 - 102 白棋的断点虽多,但外围空着气,一般的收官方法,于白无大碍。黑须妙手出击,才有大收获。

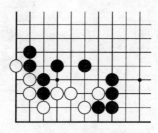

图 4 - 102

图 4 - 103 为正解图。黑❶点入白棋内部,一发中的。白②接是平安的走法,到白⑧后手活为止,黑的成功是不言而喻的。白④若胆敢于 5 位扑劫,则整块白棋为劫活。

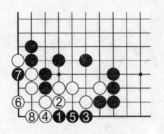

图 4 - 103

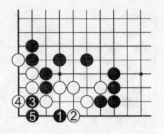

图 4 - 104

🔲 4 - 104 为变化图。黑❶点时,白②尖顶是不成立的。黑❸断已出棋。不论白④从哪边打吃,都成"金鸡独立",白的损失惨重。

六、问题图 6

🔲 4 - 105 黑不管从哪边的一路扳,都不能把白棋怎么样。你能发现白棋的"软肋"在哪吗?

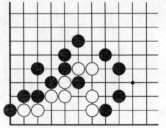

图 4 - 105

🔲 4 - 106 为正解图。黑❶点在了白棋的筋上,白②无可奈何,只得让黑❸连回,自己还得后手求活。黑❶的官子手筋,其威力可见一斑。

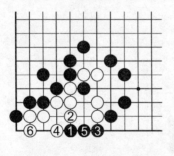

图 4 - 106

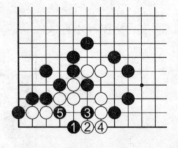

图 4 - 107

🔲 4 - 107 为变化图。白②尖顶阻渡是无理的。黑❸打吃是相关联的好手,黑❺断,吃得白角部两子。白②若走在 3 位阻渡,黑❸直接于 5 位断,形成劫争,此劫黑轻白重,白大块受连累。

七、问题图 7

图 4－108 黑先手能迫使白棋成五目地,黑的着手在哪里?

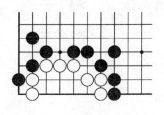

图 4－108

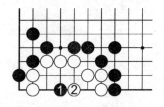

图 4－109

图 4－109 为失败图。黑❶点方,看似要点,但遭到白②的尖顶后,没有了后续手段。将来白自补一手,是六目棋。如果,黑❶走在三路上挤,则白补在 1 位上方,一手补掉了左右两个断点,仍是六目棋。

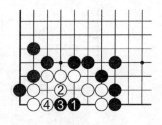

图 4－110

图 4－110 为正解图。黑❶点在了要害上,白②只此一手,黑❸时,白④必应。以后,白须提两子,成五目棋。

八、问题图 8

图 4－111 黑利用硬腿冲,白可挡住,有七目角地。黑有官子手筋,使白棋减为五目。你发现手筋了吗?

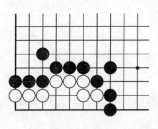

图 4－111

图 4－112 为失败图。黑❶托不行,白②阻断后,当黑❸断打时,白④提一子,白角竟变成了九目棋。黑❶点在 4 位,白②接实后,黑也不行。

图 4－113 为正解图。黑❶先断是正确的。由于白气紧,扩大眼位是不成立的。无论白如何应,黑都能从一路走两手。由于白要提吃黑❶一子,角空仅剩五目。

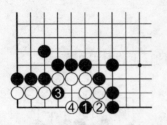

图 4 - 112

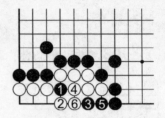

图 4 - 113

九、问题图 9

🔲 4 - 114 黑❶扳求活,白虽不能杀黑,但官子如何定形是大有学问的。白该如何应对?

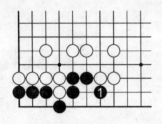

图 4 - 114

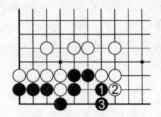

图 4 - 115

🔲 4 - 115 为失败图。白②拐是不可行的。黑❸立后,还能从一路爬出,白不好封锁。因此,白②的拐是比较亏损的着法。

🔲 4 - 116 为正解图。白②先点是手筋,黑❸只好接实,白④再拐时,能先手走到白⑥的打,白成功。

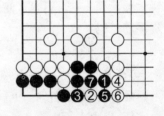

图 4 - 116

十、问题图 10

🔲 4 - 117 黑先如何收官?黑既想先手压缩白空,又要防止白冲断的余味,可谓任务艰巨。

🔲 4 - 118 为失败图。黑一路扳,虽破了不少白空,但白有冲断的余味,黑嫌不干净。黑❶夹在 2 位是不成立的。黑如直接在三路粘,则白一手补净,黑没有了如图先手扳的手段。

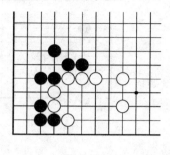

图 4 - 117

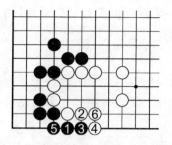

图 4 - 118

图 4 - 119 为正解图。黑❶的断恰是时机,白②打正合黑意,黑两边都处理好了。白②如实接,则黑有翻打的严厉手段。此图不仅是黑同时先手处理好了两个问题,同时,较图 8 - 118 中的黑增加了两目实空(白地少一目,而黑地多一目)。

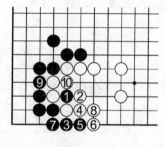

图 4 - 119

十一、问题图 11

图 4 - 120 黑为了堵住白一路的先手扳接,必须想出妙招来。从二路、三路上着手,是没戏的。

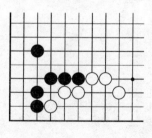

图 4 - 120

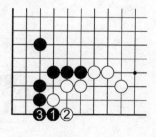

图 4 - 121

图 4 - 121 为失败图。黑❶、❸扳粘是错着。虽然防止了白的先手扳粘,但自己丢掉了宝贵的先手。并且,黑❶、❸的官子价值也只是后手三目棋。

图 4 - 122 为正解图。黑❶点在一路是正着。白②挡时,黑❸挤,迫使白

④接后,再黑❺挡住,白⑥还得后手再补。与白先走一路扳接相比,黑❶是先手两目的官子手筋。

十二、问题图 12

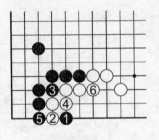

图 4 - 122

🔲 4 - 123 黑两颗残子还有余味,黑该如何加以利用? 黑走一路的先手扳粘,显然不是正解。

🔲 4 - 124 为失败图。黑❶打是轻易放弃两颗残子的着法,等于把 10 块钱当成 5 块给花掉了。黑❸夹,看似巧招,但白④接后,黑❺渡回成了后手。

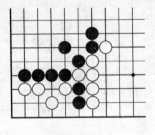

图 4 - 123

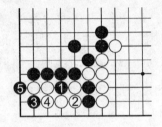

图 4 - 124

🔲 4 - 125 为正解图。黑❶单夹是正着,白②接是正应。黑❸虽落后手,但是,角上能成四目棋的第二官子利益却很大。

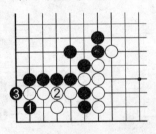

图 4 - 125

十三、问题图 13

🔲 4 - 126 黑的棋形非常厚实。如果,黑再走二路的扳粘,一眼就能看出黑是凝形。

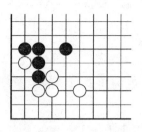

图 4 - 126

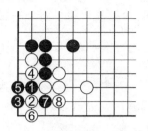

图 4 - 127

图 4 - 127 为正解图。黑❶扳、白②应后,黑❸的连扳是官子手筋。白⑥时,黑❼断又是争先的好手。黑先手得利十一目之多。

图 4 - 128 为变化图。当黑❺接时,白虽有 6 位的倒虎,但一般不敢贸然开劫。但是,作为黑方,对此图的劫变也应有充分的准备。因为,白⑥是最顽强的抵抗了。

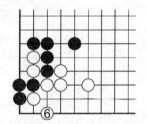

图 4 - 128

十四、问题图 14

图 4 - 129 黑先,如何收官定形? 显然,黑三路的冲是最差的着手。

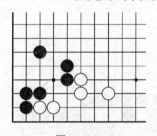

图 4 - 129

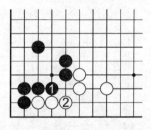

图 4 - 130

图 4 - 130 为失败图。黑走在三路上压迫白棋,既是先手,又能防止白的冲,也许很多人会认为是正应。但是,当白稳妥地在二路上一退,黑没有严厉的下一手了。

图 4 - 131 为正解图。黑❶跨是筋,也许会有人认为是损招。不过,通过定形后计算目数,发现

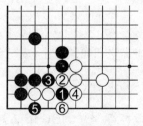

图 4 - 131

163

黑棋不仅未损,还先手得了将近一目棋。

十五、问题图 15

🔲 4－132 白棋的形不整,黑先收官,吃掉角上白子的三颗"尾巴",似乎不成什么问题。关键是如何吃?

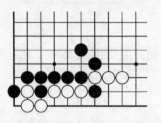

图 4－132

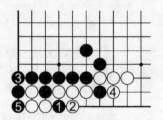

图 4－133

🔲 4－133 为失败图。黑❶扑是笨着,到黑❺止。虽然,吃到了白三个子的接不归,但是,也给白留下了"打二还一"的手段。

🔲 4－134 为正解图。黑❶单扳是正着。到黑❺时,已提掉了三颗白子。与图 4－133 相比,黑多得官子两目强。

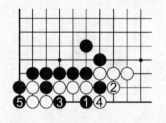

图 4－134

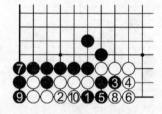

图 4－135

🔲 4－135 为变化图。黑❶扳时,白②用强接在断处是不成立的。到白⑩提吃四颗黑子止,成"倒脱靴",白大亏。

十六、问题图 16

🔲 4－136 中的官子看似十分简单,但是,不同的收法将有不一样的收获。黑先,该如何收官?

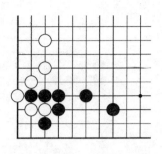

图 4-136

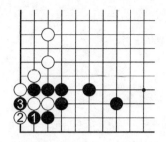

图 4-137

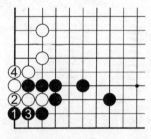

图 4-137 为失败图。黑❶打吃两子是误算。白不接,而走在二一路上,黑虽提两子,但白"打二还一",黑空反倒受损。

图 4-138 为正确图。黑❶跳点是官子手筋,白只能老实地粘一手,黑❸打,护住了角空。与 图 4-137 相比,黑多得实空一目强。

十七、问题图 17

图 4-139 黑先,想杀死白角是徒劳的。不过,黑确实有逼白棋两目做活的手筋。

图 4-138

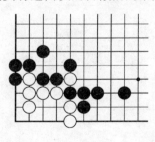

图 4-139

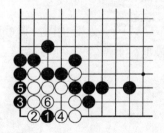

图 4-140

图 4-140 为失败图。黑❶点方,像是手筋,其实不然。经过白②挡、黑❸跳的交换,一直到白⑥提一子活为止,白角成了三目棋。其中,白②先走在 6 位,黑仍走 3 位,效果是一样的。

图 4-141 为正解图。黑❶单跳进角,才是官子的手筋。白②若走 3 位

165

阻断,则成缓气劫活,白断然不可。黑❸接后,白
④成后手活。与图 4－140 比较,黑便宜了一
目棋。

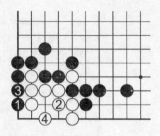

图 4－141

十八、问题图 18

图 4－142 如此坚固的白棋,难道黑还有什
么想法吗? 当然,白死棋是不可能的。但是,黑如
何收官,还真是个问题。

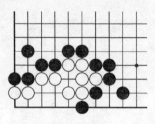

图 4－142

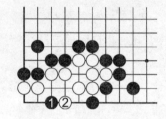

图 4－143

图 4－143 为正解图。黑❶点在了敌人的要害部位。白②尖顶成活后,
发现白空内迟早还得补一手,角上是六目棋。与白走在一路的先手打相比,黑❶
点成了先手一目的官子手筋。

图 4－144 为变化图。黑❶点时,白②应也无济于事。白棋仍是六目。
白②如果走在 1 位的上一路接,黑从外面冲后,成先手劫,或者是白棋两目活,白
棋更槽。

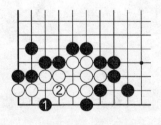

图 4－144

十九、问题图 19

图 4－145 黑先,有搜刮白棋的手筋。你发现了吗?

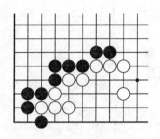

图 4－145

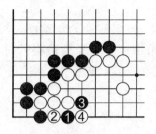

图 4－146

图 4－146 为失败图。黑❶一路跳入是不成立的。白②阻断后,黑❸打。白④提一子后,黑没有反击的手段,黑反而受损。黑❶走 2 位的冲,白便挡住,黑成后手。

图 4－147 为正解图。黑❶空顶,才是正着。白②阻渡后,黑脱先他投,白空内补一手后才能收外气。因此,黑❶是先手一目的官子。白②走一路的打更是坏棋,由于自身气紧,是要出大事的。请读者自己摆一摆。

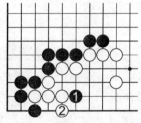

图 4－147

二十、问题图 20

图 4－148 黑先,有破白角上目数的手筋。黑棋收官的手筋在哪里?

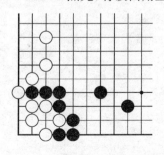

图 4－148

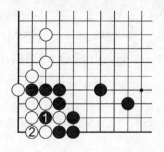

图 4－149

图 4－149 为失败图。黑❶提白一子是错着。白有三种应法都可：继续进行劫争；在二一路上接实；脱先他投，损失也有限。因此，黑❶提，既不严厉，破白目数也有限。

图 4－150 为正解图。黑❶扑好，白②若提，黑❸继续扑。当黑❺提劫时，白⑥要应，黑❼继续提吃，仍然是先手。黑官子的成功是显而易见的，与图8－149相比，黑便宜约三目棋。

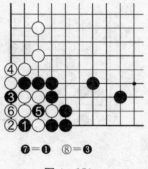

❼=❶　⑧=❸

图 4－150

二十一、问题图 21

图 4－151 黑先，如何收官？黑必须两边都要先手走到。

图 4－152 为失败图。黑❶、❸扳粘虽是先手，但只走到了一边，白有五目地域。如果，右边是黑空的话，白还有先手官子便宜。黑从右边扳粘，白②只要补活，即有四目棋。黑没有下出官子手筋。

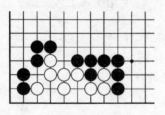

图 4－151

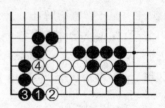

图 4－152

图 4－153 为正解图。黑❶先点，才是收官的手筋。不仅把白空压缩成三目，且黑两面都先手走到了。请记住黑❶点的收官手筋。

二十二、问题图 22

图 4－154 黑先，应如何收好官子？

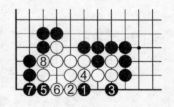

图 4－153

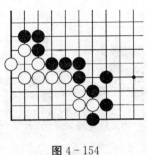

图 4 - 154

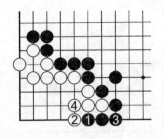

图 4 - 155

图 4 - 155 为失败图。黑❶直接长进角,不好。白②打吃后,再走 4 位补断。黑虽先手收官,但官子效率太低,没有下出官子的手筋。

图 4 - 156 为正解图。黑❶跳进白角空内,是正着。白由于自身气紧且有断点,不能冲断,黑❸接回后,白要后手补棋。很明显,正解图的白角少了两目棋。这正是官子手筋的厉害所在。

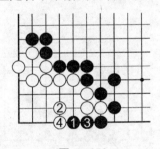

图 4 - 156

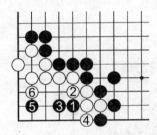

图 4 - 157

图 4 - 157 为变化图。黑❶于二路碰是不成立的。白②接后,黑❸若于 4 位渡,白两打都是先手。黑❸长进角,再❺跳,但白⑥应后,黑无后续着法。

二十三、问题图 23

图 4 - 158 白角下面漏着风,黑先,如何才能更好地破白目数?

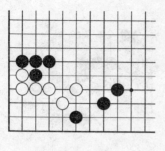

图 4－158

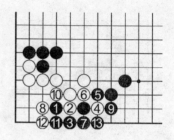

图 4－159

🙋 4－159 为失败图。黑❶跳入是错着。由于自身小飞形联络不完整，虽破了白目，但不充分，更重要的是落了后手。白④的小飞靠是与白②冲相关联的好手，之后，白一路先手官子。

🙋 4－160 为正解图。黑❶小尖是官子手筋。白②只有退缩，黑❸托进角继续破空，到白⑥粘为止，黑先手破白空成功。

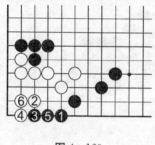

图 4－160

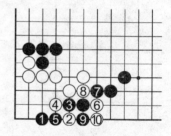

图 4－161

🙋 4－161 为变化图。黑❶大飞伸腿进角不成立。白②是吃住黑❶一子的手筋。如图进行到白⑩为止，黑被一气吃。

二十四、问题图24

🙋 4－162 白角的棋形很不完整，但是，由于白棋气长，黑深入内部是杀不过白的。黑有吃星位左边白一子的手筋，且是先手。你能感觉出来吗？

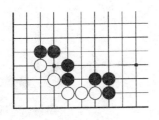

图 4－162

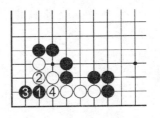

图 4－163

🈞 4－163 为失败图。黑❶点入内部，为二路的扳做准备，但白②团是要点，黑❸则白④接，黑❶、❸两子失去活动能力。黑❶、❸若走二路扳粘，白走1位后手补活后，有九目角地，黑不满意。

🈞 4－164 为正解图。黑❶挤是手筋，白不仅吃不掉黑❶，还要丢掉个小尾巴。到白⑥后手补活为止，白角是六目棋。与黑走二路扳粘的官子相比，黑空增加三目。因此，黑❶"挤"出了六目棋。先手六目是很大的官子了。

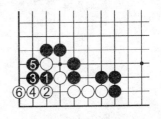

图 4－164

二十五、问题图 25

🈞 4－165 黑利用硬腿，有逼白棋两眼苦活的手筋，请读者自己先摆一摆，再看答案。

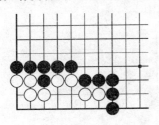

图 4－165

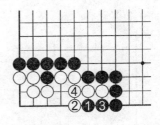

图 4－166

🈞 4－166 为失败图。黑❶夹是一般的官子手法。但在此形中，并没有抓住要点，白②、④应后，角上白棋有六目实空。黑官子失败。

🈞 4－167 为正解图。黑❶点是官子的手筋，击中了白棋的腰眼处，无论

171

白②怎么应,都不可能吃掉黑❶一子,黑❸、❺冲后,白⑥只得求活,黑❼仍是先手,白两眼苦活。黑招招都不离白的后脑勺。

二十六、问题图 26

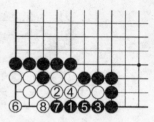

图 4 - 167

图 4 - 168 白棋的断点似乎很多,但是,不用手筋,则黑的收获甚微。黑抢先收官的手筋是比较容易的。问题是黑有后手得大利的手筋,黑的手筋在何处?

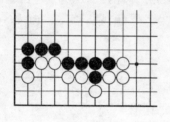

图 4 - 168

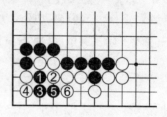

图 4 - 169

图 4 - 169 为失败图一。黑❶、❸后,再黑❺拐,白⑥紧住气后,黑大损官子。其中,黑❺的拐是臭棋。

图 4 - 170 为失败图二。有的人不问青红皂白,见有断点便断上去,这是一种不良习惯。黑❸翻吃后,再走黑❺打。表面上看,黑走法顺理成章,其实不然。

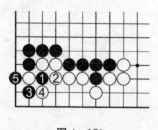

图 4 - 170

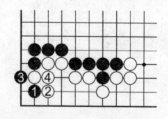

图 4 - 171

图 4 - 171 为正解图一。黑❶单夹,是争取先手的官子手筋。白②、④都是正应,黑❸打渡后,可转向别处落子。

🉐 4－172 为正解图二。当别处没有大官子时,黑可照本图收官,以获取最大利益。黑❶、❸的断恰到好处,接着,黑❼二一路的扳是相关联的妙手。白⑧打,黑❾接后,黑吃住了白角上的两子。与正解图一相比,白角少四目,黑多角部六目,黑收到了后手十目的官子。

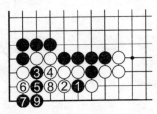

图 4－172

二十七、问题图 27

🉐 4－173 黑扳角抢先手官子,但白反抗不肯退让,黑利用类似"大头鬼"的手筋可捕获角上白四个子。

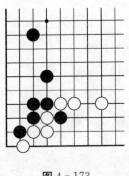

图 4－173

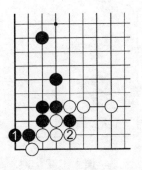

图 4－174

🉐 4－174 为失败图。黑❶立丧失了反击的机会,白②回补一手,黑被白占便宜了。

🉐 4－175 为正解图。黑❶挡下成立,白②只有叫吃,黑❸多弃一子是关键,白④打,黑❺也打,白⑥提两子,以下的变化见🉐 4－176。

🉐 4－176 续正解图。黑❼扑入并打吃白三个子,白⑧提是必然的,当黑❾接时，白已无路可逃。白⑩若团眼，则黑⓫、⓭快一气吃白。

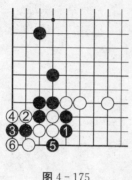

图 4-175

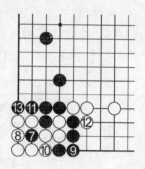

图 4-176

二十八、问题图 28

🎐 4-177 相互断开的黑白二子各有四口气，且没有公气。黑要想生存，第一手就只能紧气，顶二子头是形。

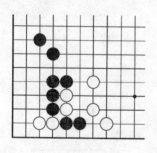

图 4-177

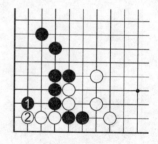

图 4-178

🎐 4-178 为失败图。黑❶跳下护空是普通的走法，没有充分利用角部的特性。黑有救回下边两子的手筋。

🎐 4-179 为正解图。黑❶顶二子头是有力的，白②、④、⑥、⑧延气。黑❾立是好手，虽没紧住白气，但暗含渡回二子的手段，白再也没有抵抗的手段了，黑成功。

🎐 4-180 为变化图。黑❶顶二子头时，白②扳也是不行的。黑❸断，白

④打吃,黑❺多弃一子要牢记,到黑❼打为止。与问题图二十七的手筋是一样的,角上白棋差一气被杀。

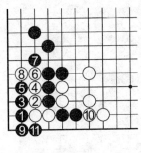

图4-179

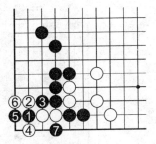

图4-180

第四节　官子争夺战

一、影子棋局

图 4-181 是被评为 2005 年十大对局之影子棋局的实战谱。出自第十八届名人战八强战俞斌(黑)VS 王雷(白)的模仿棋大战。黑❶提是双先四目的大官子,由于黑右下角和白左上角还不确定,又加上中腹的大劫争,此时的官子战异常激烈和复杂多变。白②提劫看似积极,但时机不对,是大恶手。白走左上尖角而放弃黑❶的双先官子,因为有图 4-182 中的官子定型手段,右边黑空有味道,是白胜算较大的棋局。实战黑❸、❺好棋,黑形势有利。白⑥夹是形,黑❼潜入二路虽是常用手段,但着法松缓不紧凑,是恶手。正确走法当如图 4-183 所示,是黑稳妥地走向胜利之路。白⑧、⑩、⑫都是正常的应对,黑⑬提劫,白⑭断打好,黑⑮只得提劫,白⑯回提黑⑬。由于白②的失误比黑❼的更大,黑形势仍然不坏。黑⑰见小,又是一个大恶手,正确着法如图 4-184 所示。白⑱消劫后,黑⑲仍要补棋,白获先手后走 24 位的夹,白局面领先。白⑳、㉒两着是延时打将。现代围棋赛的时间有限,当进行到收官时,往往都在读秒,所以官子战更显紧张和混乱。现代围棋向棋手提出了更高的要求。

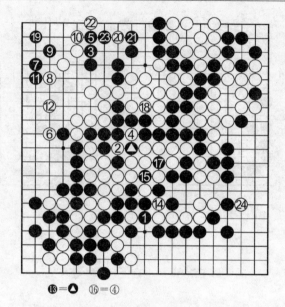

● 俞斌 九段

贴 $3\frac{3}{4}$ 子

○ 王雷 四段

2005.6.20

中国棋院

⑬＝▲ ⑯＝④

图 4 - 181

在图 4 - 182 中,白①断打逼黑❷、❹提劫是当前的好手段。至白⑦消劫为止,黑已没有了利用的可能。但右边黑空不干净,是白棋有望的局面。可惜在实战中白没有走出最强最好的着法。正应了俞九段的一句名言:时间就是目。

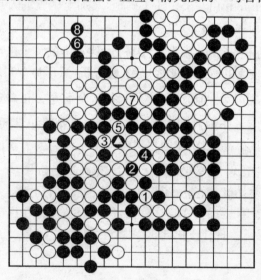

图 4 - 182

在 图 4 - 183 中,黑❶靠是好棋,由于受中腹白棋的牵连,白不能用强,黑❶、❸、❺夺取角地后,白⑥、黑❼的大官子必得其一,是黑必胜的棋局。黑❶是跳出常规思维的好手。

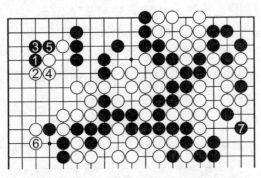

图 4 - 183

在 图 4 - 184 中,黑❶直接补活是明智的选择。由于黑 A 是先手,否则可吃到白棋的大尾巴,黑抢到了左右两处大官子,可小胜对手。

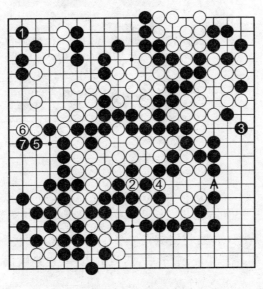

图 4 - 184

二、鬼手怪劫

图 4－185 是第二十届天元战八强战的实战对局。白①冲后，即使黑❹位断紧气，白大龙有九气，而黑大龙是八气，对杀没有问题。白③再团一目后，丁八段已算准白半目胜。罗九段黑❹断自损一目官子是出棋的信号。当黑❽自做怪眼时，丁八段被这一鬼手惊得神色大变。因为，黑❽既不长气，又落后手，一般不会这么想棋，是盲点。白⑨、⑪、⑬紧气，黑❿、⓬、⓮也跟着紧气。白⑮打是崩盘的前兆，如果直接紧气，则如图 4－186 所示，白大龙被杀。实战黑⓰以下紧气，白也紧气，黑㉒提劫，白㉓必然，黑㉔再收紧气时，白放弃了棋局，认负。如果继续进行下去，将如图 4－187 所示，白大龙被连环劫所杀。

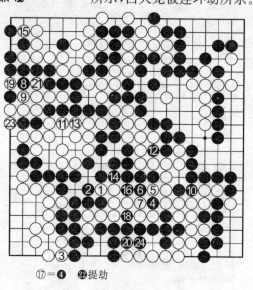

●罗洗河　九段

贴 $3\frac{3}{4}$ 子

○丁　伟　八段

2006.1.24

中国棋院

⑰＝❹　㉒提劫

图 4－185

在图 4－186 中，白①、③提吃黑子是为7、9 位紧气所必需的。黑❷、❹、❻、❽、❿收气也是必然的，白⑪提劫并叫吃，黑⓬寻劫，白⑬应，黑⓮提劫，白没有劫材，而大龙仅有两气，黑利用图 4－185 中黑❽的鬼手怪劫，屠龙成功。其中，白⑬如不应劫，黑提白三个子后，白目数大差，也是败局。黑 A 位扳也是劫材，要不然黑继续先手破目后，黑也小胜。图 4－185 中的白③若走图 8－186 中的 A 位收官，是简明的胜局，黑找不到劫材，白可小胜。当黑在图 4－185 中的 3 位寻劫时，白有 B 位等足够的劫材打赢下边的劫。

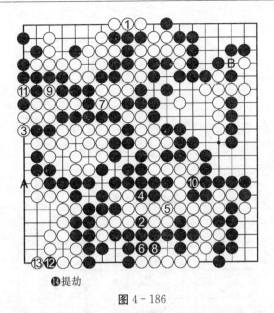

图 4 - 186

在 图 4 - 187 中,白①提劫,黑❷收气,白③又提劫时,黑❹提另一个劫延气。由于白气紧,不能直接走 A 位打吃黑棋,仅有两口气的白大龙必将惨死于连环劫杀。

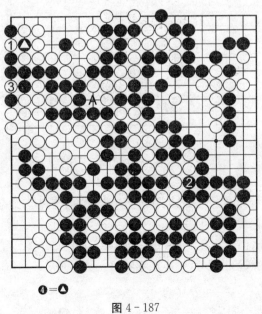

❹ = ▲

图 4 - 187

附录　古今名局鉴赏

古今中外的棋坛明星，都经过无数次实战的严峻考验，他们所弈的一个个精湛对局，是他们棋艺的结晶和智慧的化身。现将他们有代表性的对局精选几例，供广大围棋爱好者欣赏。

例1　唐代国手王积薪一子解双征

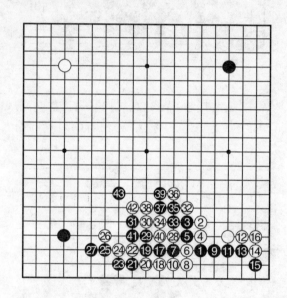

古代围棋比赛，首先在棋盘对角各摆放黑、白两子，称为座子，然后才开始对弈。

唐代国手王积薪的棋谱都已失传。仅有这"一子解双征"的着法还保存在宋代李逸民所著的《忘忧清乐集》中。

经黑❶小飞挂，白②飞镇，是古谱"镇神头"起手式着法。黑❸、白④至白㊷，黑❸以下一块棋和黑❼以下另一块棋都将被白方征吃。

参考图1　黑❶提吃白二子。白②打吃，黑❸长，白④再吃，黑❸以下一块棋就被征吃了。

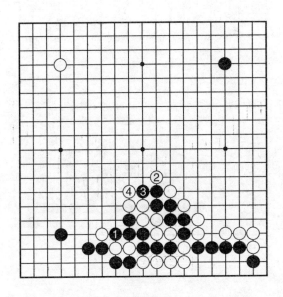

参考图1

参考图 2　如黑❶叫双吃,则白②打吃,黑❸长后,白④再叫吃,黑❼以下一块黑棋也被征吃掉。

王积薪巧施妙着,用❹一步棋,即可解双征。以后的演变请看**参考图** 3。

参考图 3　黑❶以后,白②打吃,黑❸长,白④因有黑❶一子,不能在 5 位打吃,只能在 4 位打吃,经黑❺、白⑥,黑❼逃出了一块棋。白⑧打吃以后至黑❶❼,白⑭一子被吃,又逃出了另一块黑棋。

黑❹一子解双征,又把白棋困在中间,全局形势顿然改观。

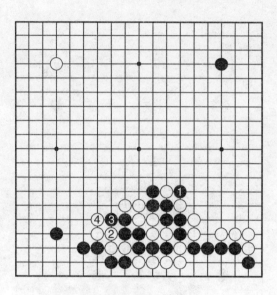

参考图 2

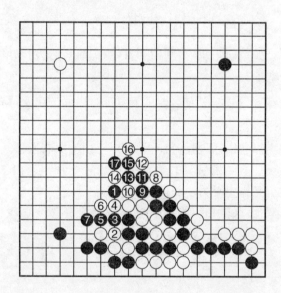

参考图 3

例2　宋代国手刘仲甫一子解双危

骊山老媪(黑先)——刘仲甫(白)

白 中 盘 胜

第一谱　1—54

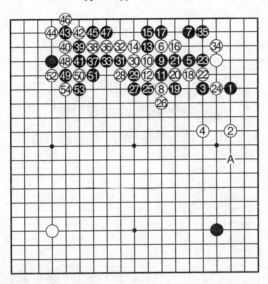

白②二间低夹,在古谱中少见,一般都下于A位,左右均可拆二。

白④按下代下法,应于右上角关出。黑❺飞镇后,白⑥、白⑧走外,意在取势争先,角上留下一白子,以后尚可利用。

黑❾压出不好,应按**参考图1**：

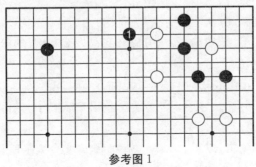

参考图1

黑❶于外边夹击，白如何应手，不让白方造成外势？

白㊵不能于 42 位扳，否则白死。故白㊵夹是好手。以下双方进行至㊸，只得如此。边上一块白子被吃。

白(54)后，白得左上和右上两块角地，黑得中间一大块，对比之下，大致相当。不过，白左上角尚留有余味。现轮黑走，是接上还是做劫？且看下谱分解。

第二谱　1—58(即 55—112)

黑❶接上，比较稳健。若是开劫，黑劫材不足，势必吃亏。

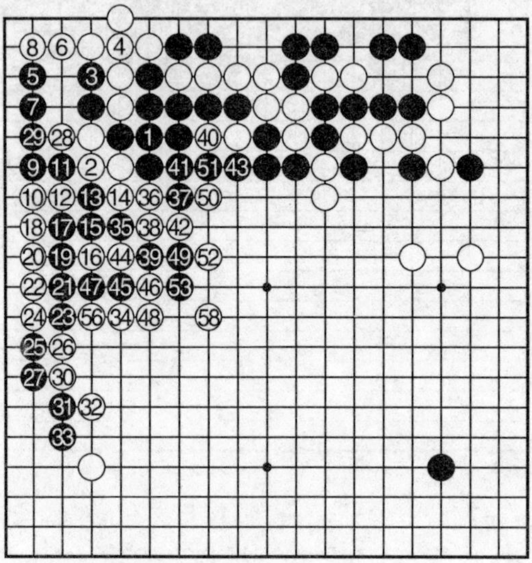

(54)＝㊹　(55)＝⑯　(57)＝㊹

白②接，黑❸打吃，以下双方又开始厮杀，互不相让。黑⓭断后，白两面受压。黑⓯长出，白方如何应，关系到全局胜败。白⑯顶，绝妙！一子解两危。若按一般下法，上下两块白棋，难以两全，必败无疑。

白⑯以下，黑白双方从二、三路跟着长出，然后白㉞飞镇，给中间黑棋以极大威胁。黑㉟只得长出，至黑㊴断，白方以㊵和㊷先手利用，然后以㊹断，这是古今绝妙好手！

黑㊺只能吃。至㊾长出，白方又以㊿先手利用，再(52)虎扳。乍看黑可以长出外逃，但白方以(54)扑，又是妙手。黑方为了救出一队黑子，只得以(55)和(57)接，白(58)一枷，黑方立即崩溃。

白方在这一战斗中，以⑯、㊹、(54)连施妙手，确实令人赞叹！

例3　明代国手过百龄着法紧俏

周懒予(黑先)——过百龄(白)

白 胜 半 子

第一谱　1—52

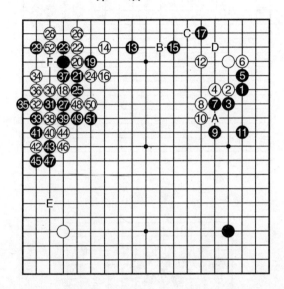

这局棋着法紧凑,计算精细,步步争先,是两位强劲对手精彩对局之一。

黑❶到白⑫是中国古谱倚盖的着法,但是在这个定式里没有黑❾与白⑩的交换。实战黑❾与白⑩的交换,于黑不利。不如直接在11位补。黑❾关而不直接在11位补,是怕白在A位扳,有如**参考图**1的手段:

造成白棋雄厚的外势,而黑棋所得不过三十五目。没有座子的棋这样走法显然对黑不利,如谱左上右下两角部都有黑座子,这就抵消了一些白势。所以黑可直接在11位补。

黑⓭是好点,左右都有开拆余地。

白⑭打入的走法,若在B位拦似嫌重复。但是如谱白⑭位置稍低,容易被黑封头。如**参考图**2:

黑❶尖,白②飞,黑❸跨,白④冲,至黑❼反打,白⑧不能长。如果白在9位长,黑12位提一子,白吃不到黑❺一子,而白④与白Ⓐ二子被吃。现白⑧至黑⓯,因开局无劫,白被封。所以不如在19位高一路打入,以后变化较多。

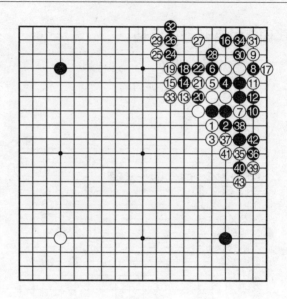

㉓＝⑳

参考图1

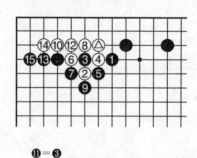

⑪＝❸

参考图2

黑⓯必然。

白⑯关出也可以在 C 位飞，既成角空，还含有威胁上边两黑子的意味。

黑⓱飞安逸，又破空。以后还有 D 位刺的手段。不过这手棋应该先在 19 位刺一手，等白接后再飞。

白⑳细。

黑㉑不能向上打吃，如果向上打吃，白 21 位长后，黑棋被封。

黑㉕长是好手，计算精细。

黑㉙见小，不必忙于收空。应该在 30 位吃净一子，以后还能在 E 位拆，攻白星位一子，局势开展。

黑**㊲**败着。应在 48 位接,白不敢在 37 位断。白如在 52 位冲,黑再于 37 位接,白还要在 F 位补一手棋,黑还可以先手在 E 位攻白左下角星位一子。

白**㊳**到**㊾**是必然的走法,步法紧峭。

白**㊾**冲,接回五子,及时。

第二谱　53—98

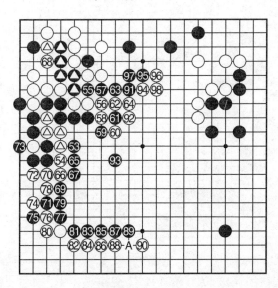

黑**㊿**靠的目的是在白△冲后弃角取外势的走法。试白棋应手。

白**㊾**长,走重。应该在 58 位扳,轻轻弃去白△四子。有这一扳,就消除了以后黑**㊻**冲的手段,黑▲五子就逃不出去了。现白**㊾**长,逃孤棋,黑乘机在 55 位冲出,显然对白不利。

黑**㊻**冲出,及时。

黑**㊾**到白**㊐**双方杀法紧峭,成两分局面。

黑**㊙**扳失算,应该在 76 位长,如**参考图 3**:黑❶长,经白②,黑❸到黑❺,白角被冲。黑此谱着法好得多。

白**㊐**断,**㊘**挤,**㊐**接是计算周密的妙手。断黑一子,又得角地,显然对白有利,这都是黑**㊙**扳的失着造

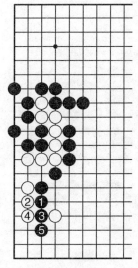

参考图 3

成的。

白⑩跳，不好。应该在 A 位再长一手，不给黑棋造成劫杀的机会。

第三谱　99—147

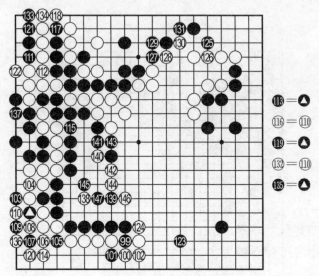

黑❾冲，⑩断，不好。把棋走完，以后就失去变化了。应该在黑 103 位与白 104 位交换后，再于 107 位跳，如**参考图**4：

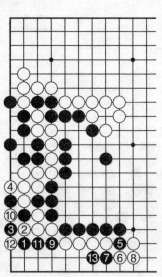

参考图 4

黑❶跳，经白②、黑❸后，白④如果打吃，则黑❺冲，❼断到黑⓭，吃白下边四子，白崩溃。

黑❾到白⑫成劫杀，着法巧妙。

黑⑫随手，是欺着。

白⑫立下阻渡，这一手应该在 137 位补，灭黑眼位。

黑⑫因无棋可行，大飞自补。白⑫至⑯必然之着。

黑⑰见小。走活小块棋所得甚少。应该参照**参考图**5 的走法：

188

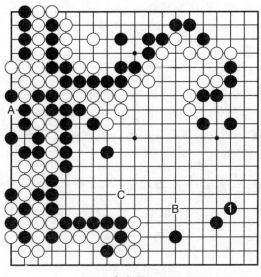

参考图 5

黑❶尖,固角。白如在 A 位杀黑小块棋,黑还可以先手在 B 位或 C 位再走一手,构成大形势。今黑走 137 位后手活棋,被白在中腹破空,以后又在右边活了一块棋。由此可见,这一手棋对黑来说是很失策的。

第四谱　148—257

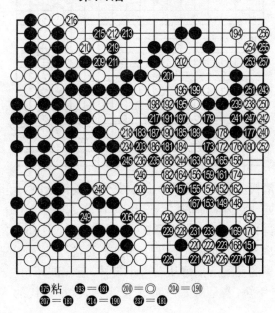

白⑭到⑱走活右边一块棋与黑⑬补活一小块棋比较起来黑损失不小。

黑⑮不如在 167 位接,避免以后还要补棋。

黑⑱到㉕彼此官子均可。

本谱是我国古代对局中比较精彩的一局。共 257 着。双方行棋细致,杀法凌厉,着法紧峭,体现出我国古代的棋风。回顾全局,黑㉕长、白⑯断、⑱挤都是计算精细的好棋。黑㊈至白⑫的劫争更为巧妙。而黑㉝不如在 48 位接,⑮扳让白棋得便宜,最后⑬又后手活棋都是败着。经过激烈较量白胜半子。这显然是黑棋几手败着造成的结果。

例4　清代国手黄龙士称雄棋坛

黄龙士(黑先)——周东候(白)

黑中盘胜

第一谱　1—22

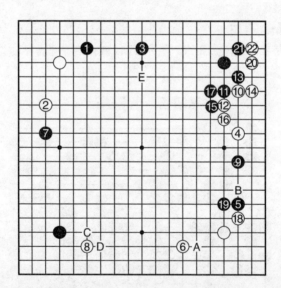

周东候也是清代围棋十大家之一。黄龙士称雄棋坛时,天下棋手望风而靡。独有周东候敢于同他对阵,虽屡战屡败,也从不气馁。

黑❶小飞挂,白②大飞应后,黑❸拆三,不拘泥于过去拆二的常规,现代棋手也是这样下的。从和右上角星位一黑子配合来看,拆三比较合适。白④拆边,是为了限制右上黑棋的发展。黑❺从右边小飞挂,意在破坏白④与右下角白子的配合,这是古棋的下法;若是从另一面 A 位飞挂,就是现代的下法了,这种下法较从容。而古棋讲究一个"紧"字。

黑❼不于左下 C、D 或 8 位守角,而先紧紧逼住白②,限制左上角白棋的发展,为以后侵分此角做好准备;以及白⑧在左下角小飞挂后,黑❾不在这里应手,而于右边拆二,体现了黄龙士以攻逼力争主动的棋风。但是,黑❾也可考虑按**参考图** 1 走棋:

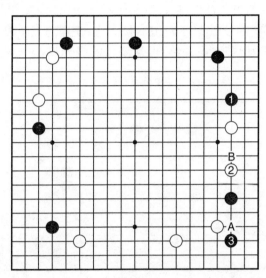

参考图 1

黑❶逼,白②拆,黑❸即点三三取角。但这种腾挪转换之法,当时尚未采用。

黑❾后,白⑩不得不拆二,否则白④一子将受黑子攻击。黑可借攻白④而在上边定型成空。现白⑩后,黑⓫先压后虎,显然是看到白④、⑩之间拆二较窄,促使白棋重复,是此际常用手法。

白⑯,近代一般都按**参考图** 2 那样走,比原谱好。

因白方留有 A 位利用和 B 位打吃两手等后续手段。

实战白⑯退,黑⓱接后,上边黑棋配置良好,形势壮阔。白⑳向角部跳入,也是不能赞同的。即使要走,也只能在黑⓭右一路曲,待黑㉑应后白脱先他投。而今跳入,说明古棋在局部棋形上比现代棋差

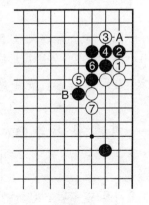

参考图 2

得多了。白既走了⑳就撒不开手了,否则被黑一冲,白眼位尽失,㉒不得已落了后手。这一战役对白不利。

现黑得先手,将选择何处要点,且看下谱分解。

第二谱　1—30(即 23—52)

黑❶仍然不在左下角补棋,从这里紧逼右下角白棋,逼白②补一手,再黑❸拆二,恰到好处,逼白④关出后于左边 5 位大飞,使左边三个黑子取得配合。这是古代行棋的风格,似乎次序井然,但从现代的眼光看,不如在左下角补,更为沉着。

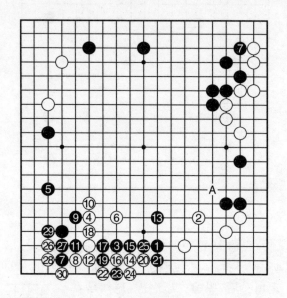

白⑥镇后,黑❼关,乘机守角,逼白⑧应,然后黑❾尖顶,再于 11 位虎,白⑫不得不接。黑连续先手定形后于 13 位关出,次序极好。不过,原评《兼山堂弈谱》的徐星友认为:黑⓭若按**参考图** 3 走法,比较稳妥。

参考图 3　黑❶靠,白②扳,黑❸顶后,白④接,黑❺长,稳妥,徐的看法中肯。

参考图 4　黑❶顶,白若于 2 位打吃,黑❸反打,白④提,黑❺虎过,演变成黑方吃白三子,巩固了角地,并由后手变成先手。白方虽在外围也取得了相

192

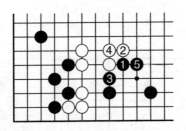

参考图3

当的实空,但落了后手,得不偿失。

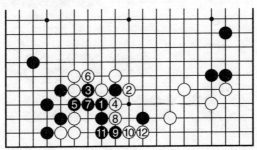

参考图4

实战白⑭点显得过早。从白⑭至㉚,双方一系列应对中,白在下边所得无几,反使下边黑棋走得坚实,随时可以利用右下白角的缺陷,侵消角地并做活自己。

谱中白⑭若暂时不走,而先于 A 位飞攻右边黑棋,走厚白棋外势,以威胁下边黑棋,才是上策。

白㉖、㉘、㉚若暂作保留,虽说可以先手于 A 位飞压右边黑棋。但中腹一块已经失去眼形,情况就不大一样了,围棋的战机往往是一纵即逝的。现在白㉚自保眼位,给黑方争得于右下角点三三的时机。白方吃了亏,究其原因,还当归咎于⑭点的不当。

要知黑方如何攻角,白方怎样应对,且看下谱。

第三谱 1—48(即53—100)

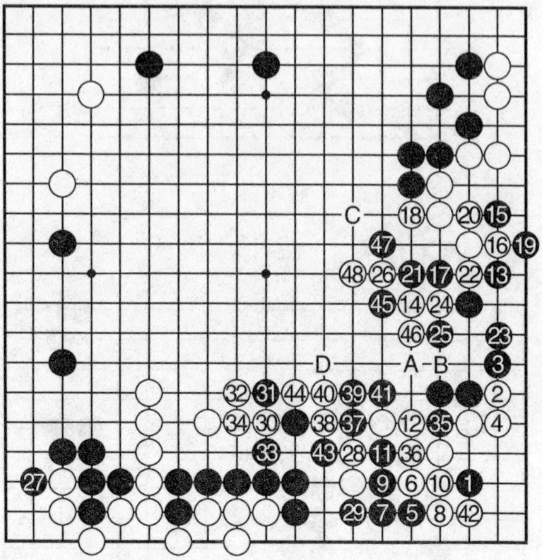

黑❶点三三侵后，白确实左右为难。如果按照参考图5那样下，黑方先手得到安定。而今白②扳④接，被黑连走❺、❼、❾、⓫数着，安定了下边一块黑棋。白应选择哪种方案是很难决定的。总之，被黑一点，白就弄不好了。

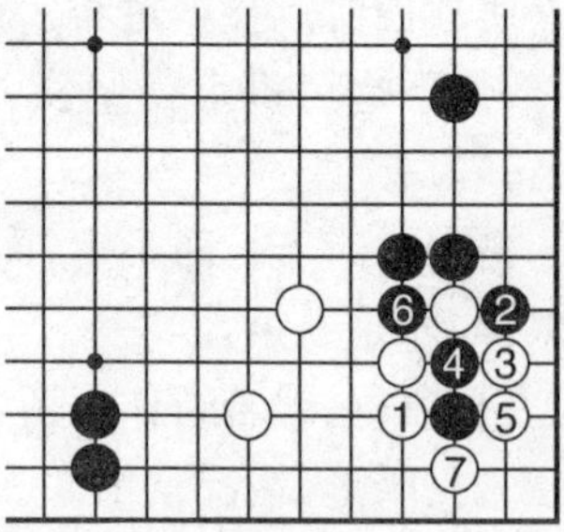

参考图5

黑⓭是似小实大的要点，攻守兼备的好棋。黑⓯、⓱次序好，白㉒至㉖将黑完全“吃活”，而且外面被断两子余味极恶，可见其下法相当幼稚。

黑㉗立即他投，于左下角扳，既搜去左下白棋根据地，又巩固了左边黑棋，是一步大棋。

白㉚走得过早，可先于A位关刺，黑必然于B位接，然后白再走30位，可以避免黑㉟、㊲断后先手取得㊶曲的利益，白㊷不可不应。

白㊹若改在D位长，可预防白在45位打的变化，详情见参考图6。

参考图6结果，白棋不坏。但是黑棋可不按参考图6下。白D位长这

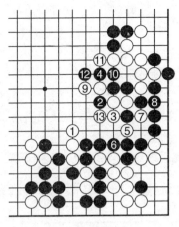

参考图 6

个子,就没有下在要点上。所以认为白㊹应按**参考图**6那样变化是后世评棋者的一厢情愿。

谱中白㊽长出,从次序上讲,应先于 B 位打吃。黑只得按**参考图**6在 6 位接连,白⑦提吃一子,黑❽又不能不接,然后白⑨长出,可避免黑方"滚打包收"。

现黑得先,下一步必须采取"滚打包收"手段,但如何应付,且看下谱分解。

第四谱　1—35(即 101—135)

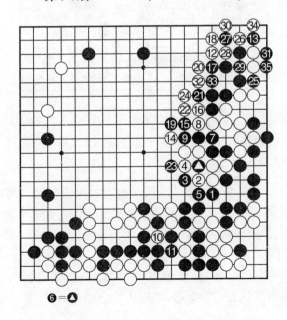

6＝❹

黑❶开始"滚打包收",至黑❼,将两个黑子接出。此时纵观全局形势,黑棋各处安定,实空遥遥领先。白棋仅有右下角十余目棋,其余各处均未安定,黑方优势异常明显。

从白⑫开始白方进行顽强作战,企图在乱战中以求一逞挽回颓局。然而黑胸有成竹,从容应战。双方紧紧咬住,互不相让。白虽有㉖好手,但黑㉗弃一子化险为夷。至黑㉟,黑方在右上成活一块,中腹已将一队白子咬在嘴里。白方虽在上边已经做活,全局实空仍远远落后。

白方将采取什么强硬手段继续作战呢? 且看下谱。

第五谱 1—92(即 136—227)

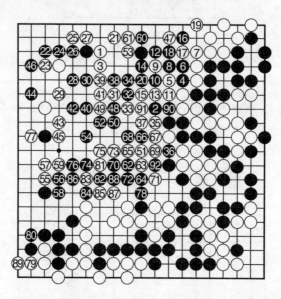

白①碰,是利用引征来切断上边黑棋拆三的联络。黑❷尖应,吃住中腹一队白棋。白③长出,黑❹断,双方进行激战。白⑨硬扳后,黑❿也可以在 11 位打吃,如**参考图** 7 那样可速胜。

黑⓲挡,不好,若按**参考图** 8 进行,右上白棋全被歼。黑㉒机灵,但此时大概黑方已看到稳操胜券,下一些最稳当的棋了。但古人非大块被吃不肯认输。黑㉒侵入白角,白㉓挡后,㉕点入,为困兽之斗是不足为训的。黑采取缠绕战术,迫使白方处处设防。

白㊸向外引出左边白棋时,黑㊹点,正中要害,接着❹扳,一举夺得左上角地。白棋竭力应战。双方应接至㊾,中腹大块白棋被灭,黑方中盘大捷。

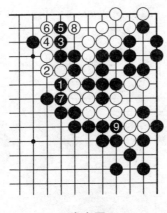

参考图 7

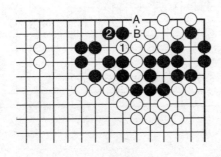

参考图 8

例 5　古力零封李世石之一

　　2009 年 2 月 23 日至 25 日,第十三届"LG 杯"世界职业围棋棋王战决赛三番棋在韩国江原道麟蹄郡的百潭寺进行,结果古力九段 2 比 0 零封李世石九段获得冠军,成就了他的第五个世界冠军(春兰、富士通、丰田、LG)。古力在去年"富士通杯"和今年的"LG 杯"皆战胜李昌镐、李世石。韩国媒体惊呼古力已名副其实地成为当今棋坛的世界第一人。

古力九段(黑方)——李世石九段(白方)
黑贴6目半

第一谱 1—80

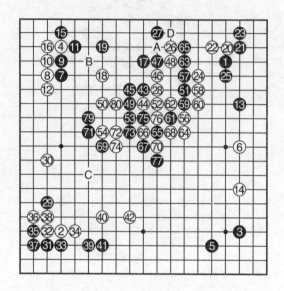

⑦⑧=⑥⑥

古力执黑依然布下前几天在"农心杯"上用的布局。

黑❶下在高位比较少见,在 A 位拆或 B 位虎比较常见。

白⑱也是少见的一手,黑⑲稳稳守一步是本手,也无不满。白⑳托后至㉘,白棋形很舒展,过程中黑㉕可考虑反击。

图一 黑❶逼好点,白②夹必然,黑❸、❺是正确的手法,以下到黑⓫挂,这也是变化一型。

实战黑棋在此下得很稳健。

白㉚二间低夹近来非常流行。

图二 白一间低夹,黑❷跳起后再 4 位尖冲,白左上棋子均处于低位,白棋不满。

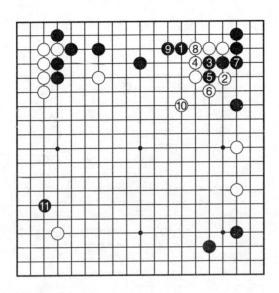

图一

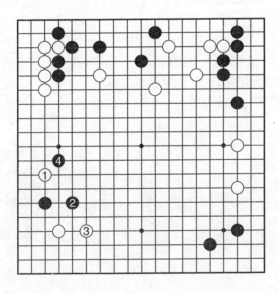

图二

图三　白①的小飞不能考虑,黑❷、❹平稳生根,白上边的势力受到限制,黑棋满意。

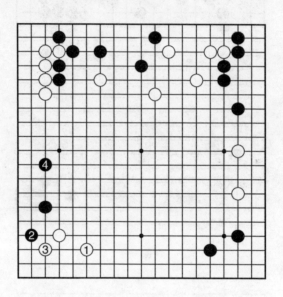

图三

黑❸❶点角平稳,白❹⓪飞时,黑❹❶并,太沉稳了,完全不符合古力的风格,看来古力的意图是把空先捞足,伺机在中腹与白棋决战。

白❹②跳过分,黑下边的发展余地并不大,白在 C 位一带守已可满足。

图四　白①封上边也是很好的一手,下一手白 A 位靠是很严厉的一手。

图五　白①直接靠过分,以下虽可吃住两子,但右边模样受损,白并不划算。

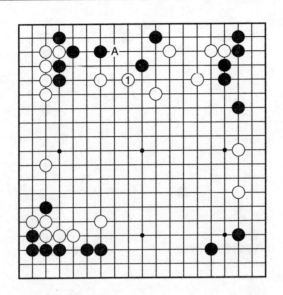

图四

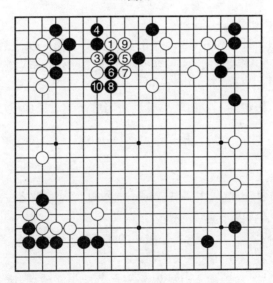

图五

黑**43**以下的出头风险很大。

图六 黑**❶**是侵消的好点，上边有 A 位的弱点，不如先放着。

实战黑棋虽然出了头，但多了白**㊿**、**㊸**两手，白左边成空潜力大增，黑只能寄

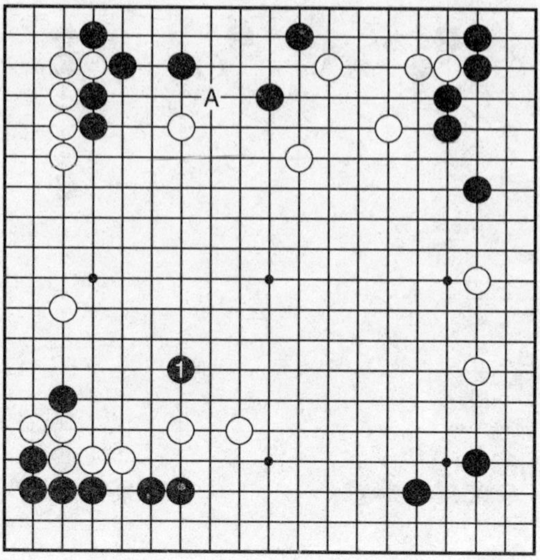

图六

希望冲击上边的白棋了。

黑(55)要点，白(56)针锋相对，两人终于在此展开了第一次激战。黑(57)冲时，白(58)可考虑D位挡，黑棋难办。这里变化非常复杂，实战至白(64)，白棋选择了妥协，白(56)贴很舒服，不过黑上边仍有缺陷。

黑(69)靠手筋，黑(71)强烈！白(72)只有反击，到白(80)双，局面极度混乱。

第二谱　81—163

黑(83)胜负手。

图七　黑❶碰，这是大多观战国手的意见。白(88)操之过急，应于96位打吃，实战被黑(91)虎，有攻守逆转的感觉。

白(92)脱离主战场，此时左边才是战斗的焦点。

白(94)过分，改在96位单打要好一些。

白(98)竟然是后手！黑(99)至白(108)先手便宜后再109位拐，胜负的天平已经向黑方倾斜。

白(114)应于145位轻跳。黑(115)必然。

黑(121)机敏，抢先攻击白下边。黑(123)不急。

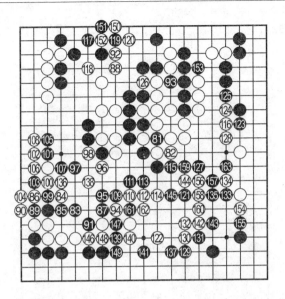

共 103 手　黑中盘胜　2009 年 2 月 23 日弈于韩国江原道

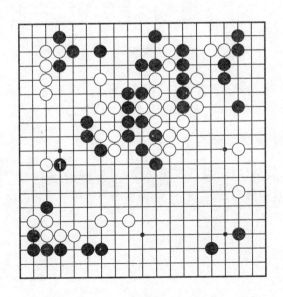

图七

图八 黑❶并,彻底将隐患消除,以下进行至黑⓫,黑棋实地遥遥领先,黑胜势。

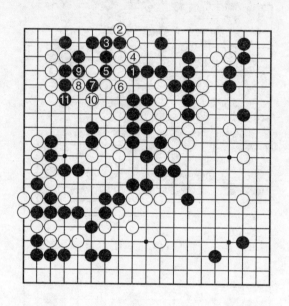

图八

黑⓲先手补强。白⓲只能在137位虎,不过这样下白空不够。黑⓲、⓲痛下杀手,白棋已经回天乏术。两人一通乱战,古力笑到了最后。

例6 古力零封李世石之二

这是第十三届"LG 杯"世界棋王赛决赛三番棋第 2 局,古力九段执白中盘战胜李世石九段,捧得本届 LG 杯。这也是古力的第 5 个世界大赛桂冠。

李世石九段(黑方)——古力九段(白方)

黑贴6目半

第一谱　1—100

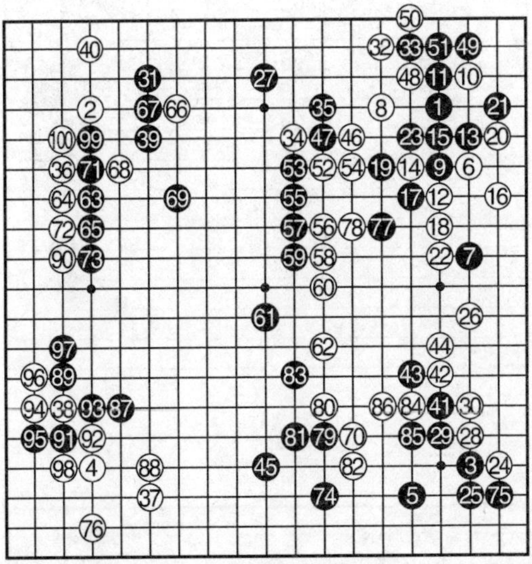

序盘右上角的变化古力早有准备,但白⑭先打吃是他临场的变着。

白㉔试应手,黑㉕正着——

图一,黑❶看似凶狠,白②占据好点。至白⑫,以后右下角白棋有做活的机会,黑不能满意。

白㉜让人吓一跳,其实古力不过是试应手。

布局至白㊹,右边白棋有凝重之嫌。反观上边黑棋与下边黑棋遥相呼应,在中腹形成壮观模样,后方队友们纷纷为古力捏了一把汗。

现场督战的俞斌总教练认为白㊿应当保留。

黑(61)飞起,布局黑成功。

白(66)出招惊人,观战职业高手们大呼看不懂。

黑(69)冷静——

图二　黑❶、❸冲断,黑❾落后手。白⑩靠,黑不能满意。

黑(79)是李世石一流的锐利手筋。

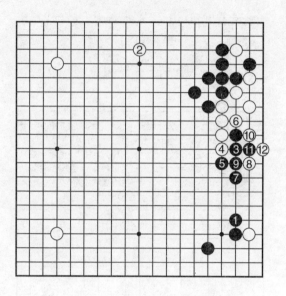

图一

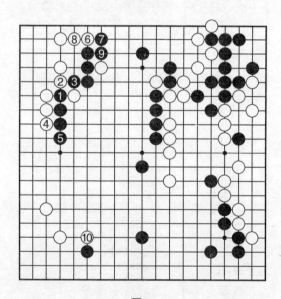

图二

黑❽❸变调——

图三　黑❶断好，白②以下直线推进，至黑❼，白明显不好。

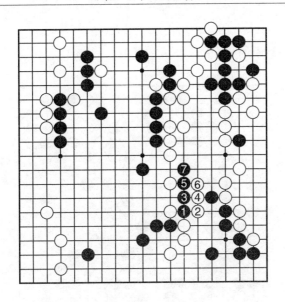

图三

实战李世石选择大围中腹,观战者普遍感觉还是黑棋稍好。

第二谱 1—72(即 101—172)

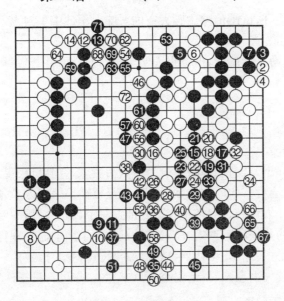

黑⓫捂住"口袋",很多人预言双方将要展开第三盘棋的争夺。

白⑫托、⑭接后,中腹的恶味甚浓——

图四　黑❶拐价值极大。但白②以下严厉,至白㉒托还是能出棋。

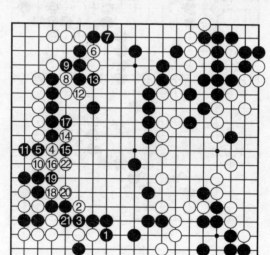

图四

黑⓯以攻为守,试图消除中腹大空的恶味。至此中午封盘,古力有充裕的时间考虑如何反击。

白⓰拐,黑⓱贸然反击,但结果表明李世石这样下并无成算。

黑⓳败着——

图五　棋院训练室国手发现了黑❶杀着。白②、④无法反抗。黑❼好手,黑❾打后,白崩溃。

实战白㉚穿出,众高手判断白棋简单做活就赢,这胜机来得太突然。

有人分析,李世石如此疯狂是因为第一盘棋被杀得太惨了,这盘棋想杀对手大龙捞本儿。二人对局时刻都想着彻底摧毁对手,为下一局的胜利打基础。

古力后边的着法越来越凶,已对李世石构成了严重的心理打击,俞斌总教练开玩笑说这都是古力的五年计划,是在给对手进行身心摧残。

之后的抵抗失去意义,下午仅至两点半左右,李世石投子认负。古力如愿夺冠,也为中国围棋赢得了尊严。

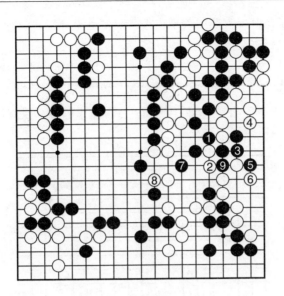

图五

例 7 第十三届"三星杯"八强赛对局选

孔杰七段(黑方)——山下敬吾九段(白方)

黑贴 6 目半

第一谱 1—60

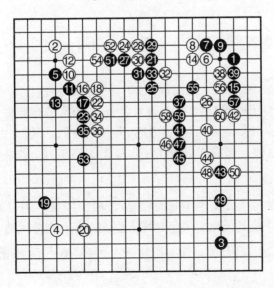

孔杰近几年在世界大赛中表现也很一般，"三星杯"八强战遭遇山下敬吾，对孔杰是个突破的好机会。

黑❺挂角时，白⑥、⑧的下法被认为嫌缓，已遭中国棋手所淘汰。白⑩外靠，黑⓫扳是重视外势的下法，也可以托三三。白⑯要点，此时不可教条：

图一　立二拆三，白①拆回当然是定式，但黑❷跳起是好棋，上边留有 A、B、C 处等手段，白棋效率不高。

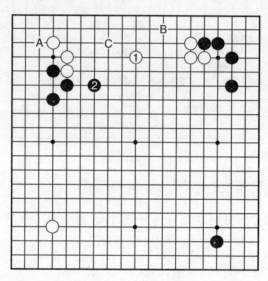

图一

白⑱退是日本棋手厚实、稳健的风格。若凶狠一点，可连扳，如**图 二**。

图二　紧凑一点，此处是连扳，白①连扳，黑❷打，白③接，黑❹退，白⑤长，黑❻长，白⑦打定型，变化至黑❿打入兼引征，与实战相比优劣难判。

黑㉑打入是必须要走的点，非常及时，若被白抢到，不仅上边围成大空，还辐射中央，白十分愉快。黑㉕单跳平稳，若改走大飞弃子，也是很好的构思，如**图 三**。

图三　黑❶大飞弃子是华丽的构思，黑❺拆经营右边也是一局棋。对围大模样的棋与人下棋的风格有关。这样下也许不是孔杰的风格。

白㊱继续压，确实很厚实。这一手的感觉总是要镇一手，如**图 四**。

210

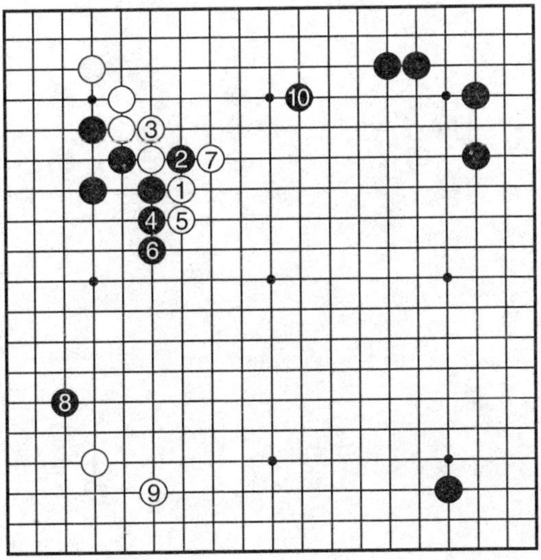

图二

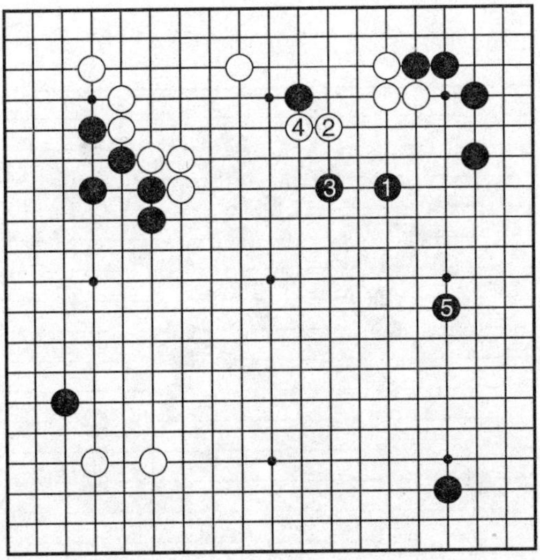

图三

图四　白①镇头，睥睨四方，虽不见得是此时的最佳着点，但有强烈的攻击性，至少可以掌握主动，很有气魄。

黑㊲飞反攻右上白棋，开始掌控局势。白㊳刺，㊵跳先在右边求安定。当黑(53)跳争围左边大空时，已显顺风满帆，局面满意。

白(54)实在令人费解，是优势意识，还是认为这样厚实的走就能赢棋？事实上

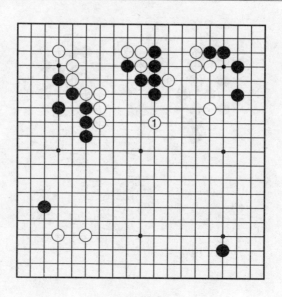

图四

白棋远未到如此悠闲的地步，无论如何要拼一下，如**图五**。

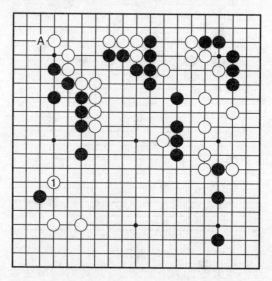

图五

　　图五　白①杀进来，局势还较混乱。左上角黑 A 位的托很大，暂时也顾不上了。

212

黑**55**、**57**的先手便宜很舒服。

第二谱　1—65(即 61—125)

黑**1**小飞太大了。白②此时杀进来已经晚了一步,黑**5**飞封严厉。白⑥、⑧
欲安定左下角也是无奈之举,此时白⑥尖顶后很想——

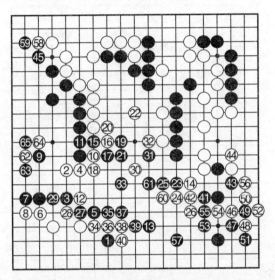

图六　白①很想扳住,但黑**4**点角犀利,白如何处置左下角? 十分为难。

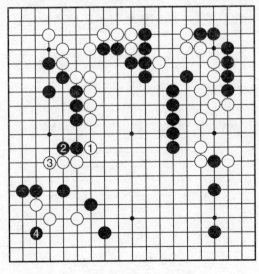

图六

黑❾、⓭守住边空,局势更加清楚。白⓮尖瞄着黑棋中央大龙,黑⓯以下以攻为守,大龙安然无恙。白㉒终于要拼了,企图阻断黑棋联络,白本来想:

图七　白①很想接上,但黑❷飞,中腹带着十几目活,白棋亦败。

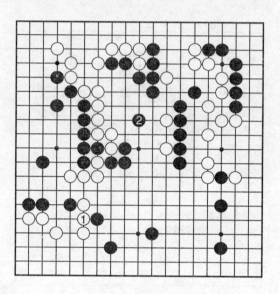

图七

黑㉗冲断,一点也不客气。局部作战白棋还是稍逊一筹,白㉞冲,一切头绪化为乌有——

图八　白①在这里冲,变化还很复杂,黑❷以下为一变,黑棋大龙也存在危险。

当然,黑棋应对之策很多,但这总是白棋最后一搏的机会。

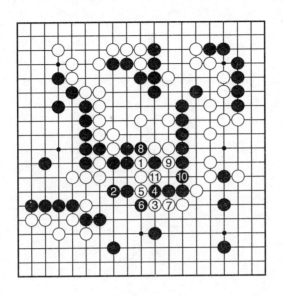

图八

黑❸❺、❸❼稳健地退，左边白几子净死，大局已定。后面的进行白棋只是在调整心情。短短的 125 手，山下敬吾完败。